El cuidado de la creación y el calentamiento global:

Perspectivas del Sur y del Norte

El cuidado de la creación y el calentamiento global:

Perspectivas del Sur y del Norte

Editado por Lindy "Luis" Scott

WIPF & STOCK · Eugene, Oregon

El cuidado de la creación y el calentamiento globa

Copyright © 2012 Lindy Scott. All rights reserved. Except for brief quotations in critical publications or reviews, no part of this book may be reproduced in any manner without prior written permission from the publisher. Write: Permissions, Wipf and Stock Publishers, 199 W. 8th Ave., Eugene, OR 97401.

This edition published by Wipf and Stock Publishers in cooperation with Ediciones Kairós.

Wipf & Stock
An imprint of Wipf and Stock Publishers
199 W. 8th Avenue, Suite 3
Eugene OR, 97401
www.wipfandstock.com

ISBN: 978-1-62032-603-9

Manufactured in the U.S.A.

Traducción de artículos escritos originalmente en inglés: Magdalena Méndez
Corrección de texto: Priscilla Lara, Juliana Morillo Horne, Gretchen Abernathy
Diseño interior: Grupo Nivel Uno, Inc.
Diseño de portada: Adriana Vázquez

A menos que se indique lo contrario, todos los textos bíblicos han sido tomados de la Nueva Versión Internacional® NVI® © 1999 por Sociedad Bíblica Internacional. Usada con permiso.

Citas bíblicas marcadas "RVR1960" son de la Santa Biblia, Versión Reina-Valera 1960, © 1960 por Sociedades Bíblicas en América Latina, © renovado 1988 por Sociedades Bíblicas Unidas. Usadas con permiso. Reina-Valera 1960® es una marca registrada de American Bible Society y puede ser usada solamente bajo licencia.

Ninguna parte de esta publicación puede ser reproducida, almacenada o transmitida de manera alguna ni por ningún medio, sea electrónico, químico, mecánico, óptico, de grabación o de fotografía, sin permiso previo de los editores.

Queda hecho el depósito que marca la ley 11.723
Todos los derechos reservados
All rights reserved

Contenido

Introducción   vii
Lindy "Luis" Scott

1 Dios grande, ciencia grande   1
Sir John Houghton

Parte 1: Estudios de caso

2 ¿El clima está loco?: Impactos del cambio climático en la región del Cusco, Perú   21
Juliana Morillo Horne

3 La deforestación del Chaco Salteño: ¿Crónica de un genocidio anunciado?   65
Andrés P. Leake y Viviana Sandra Andrade

Parte 2: El cambio climático

4 ¿El cielo está cayendo? Una breve introducción a la ciencia del cambio climático   95
Douglas Allen

5 El clima global: Implicaciones para la salud global   125
L. Kristen Page

6 Cambio climático: Problema global, soluciones globales   145
Noah J. Toly

Parte 3: Los próximos pasos

7 El acto creador de Dios: Un cambio de paradigma   173
María Rosa Mendoza y Marco Lucio Hernández

8 Reflexiones sobre la problemática ambiental latinoamericana   205
Alfredo Salibián

Epílogo: El suicidio ecológico contemporáneo   241
C. René Padilla

Autores   247

Introducción

Lindy "Luis" Scott

Estimada lectora y apreciado lector:

El libro que tienen en sus manos es como una alarma de fuego. Cuando uno está bien dormido en un descanso profundo, el zumbido de una alarma molesta mucho. Interrumpe tanto tu sueño como también tus sueños. Sin embargo, una alarma puede salvar la vida, la tuya y la de tus seres más queridos. Este libro es tal alarma. Nos despierta para enfrentar la situación delicada de nuestro planeta agonizante. Nos llama a tomar acción decisiva y eficaz.

Este libro también es la realización de un sueño personal. He pasado mis seis décadas de vida a lo largo del continente americano: norte, centro y sur. He sido partícipe y observador del cuerpo de Cristo en esta tierra nuestra: sus momentos de obediencia fiel y los de fracaso. He disfrutado la belleza del continente americano —desde los campos de trigo del centro de Estados Unidos hasta Machu Picchu en Perú y hasta la costa brasileña— pero al mismo tiempo he visto su degradación. Con demasiada frecuencia los que nos llamamos seguidores de Jesús no hemos cuidado la creación que formó él con tanto amor. Sueño con suscitar dentro de mis hermanas y hermanos el respeto y el amor comprometidos con vigilar el bien del mundo natural que Dios nos ha encomendado. De allí nace este libro. Para los inquisitivos, este volumen explica la situación delicada del planeta que es nuestro hogar, haciendo accesible la complejidad científica. Para quienes buscan ánimo, nos inspira con ejemplos de lo que unos/as cristianos/as están realizando a favor de la creación. Y nos impulsa a todos a la adoración de nuestro Hacedor, a la acción amorosa hacia la generación actual y las futuras y al cuidado sabio de la creación.

En el primer capítulo, "Dios grande, ciencia grande", el eminente científico Sir John Houghton nos habla sobre la relación entre nuestro entendimiento de Dios y la práctica de la ciencia. Houghton es uno de los científicos más influyentes en el mundo hoy. En 1988 fue cofundador del IPCC (Grupo Intergubernamental de Expertos sobre el Cambio Climático) y fue nombrado director de su comisión de ciencia, un puesto que ocupó hasta 2002. En 2007 el IPCC fue corecipiente del Premio Nobel de la Paz. Houghton también es un seguidor de Jesucristo. En su capítulo, explica la compatibilidad entre la ciencia y la creencia en Dios. De hecho, si creemos en un gran Dios como se expresa en la Biblia, el Creador del universo, es lógico que tengamos una ciencia que corresponda. Exige una ciencia grande, un análisis que abarca desde las moléculas más pequeñas hasta las galaxias más lejanas.

En la siguiente sección tenemos dos estudios de caso desde Sudamérica. Juliana Morillo Horne analiza la situación ecológica en el área alrededor de Cusco, Perú. Investiga la comprensión local de la misma, respuestas políticas y religiosas y compromisos urgentes tanto para los cusqueños como los lectores distantes.

En su capítulo "La deforestación del Chaco Salteño: ¿Crónica de un genocidio anunciado?", el profesor Andrés P. Leake y Viviana Sandra Andrade comparan la situación deprimente e injusta de la deforestación rampante en el norte de Argentina con la trama desgarradora de la novela de Gabriel García Márquez, *Crónica de una muerte anunciada*. Su análisis sensible de los aprietos de los indígenas wichí inquieta la ideología de desarrollo económico: "Tenemos la convicción o creencia de que el desarrollo económico nos traerá bienestar; pero, para lograrlo, parece ser necesario sacrificar el bienestar de otros".

Luego vemos tres ponencias presentadas en el evento "Ambiente, Economía, y Equidad", auspiciado por el Center for Applied Christian Ethics (Centro para la ética cristiana aplicada) de Wheaton College en Estados Unidos, en noviembre de 2006. Tres expertos en sus disciplinas comparten sus mejores conocimientos y sabiduría sobre el tema del cambio climático.

El doctor Douglas Allen quien trabaja en el laboratorio de la marina de Estados Unidos, abrió el panel con su ponencia "¿El cielo está cayendo? Una breve introducción a la ciencia del cambio climático". Expone la evidencia que demuestra el calentamiento climático, y en particular, la contribución antropogénica al fenómeno. Destaca los datos conclusivos que han llevado a un consenso casi unánime entre la academia científica sobre el tema del cambio climático. El estilo entendible y accesible de su capítulo hace que los que no son científicos puedan comprender los elementos claves del tema.

Sigue el capítulo de la doctora Kristen Page, profesora de biología en Wheaton College, con un tema muy cercano al corazón de Dios, la salud de sus criaturas humanas. A base de los informes del IPCC, Page describe las consecuencias probables del calentamiento global en la salud humana, especialmente de los más pobres del mundo. Para mediar las dificultades venideras, Page nos recuerda que como seguidores de Jesucristo, quien proclamó las Buenas Nuevas a los pobres, somos llamados a dar pasos decisivos para amar a nuestros prójimos más pobres —y a generaciones futuras— de una manera sacrificial y abnegada.

El profesor Noah Toly en su capítulo "Cambio climático: Problema global, soluciones globales" nos provee respuestas alternativas a la crisis ecológica. Explica los elementos esenciales del Protocolo de Kyoto. Después de evaluar los aspectos positivos y negativos de este y

Introducción

otros tratados intergubernamentales, Toly insta a cristianos para que apoyen sabias intervenciones gubernamentales por medio de acuerdos internacionales.

En la última sección de este volumen, dos ingenieros agrónomos argentinos, María Rosa Mendoza y Marco Lucio Hernández, reconocen lo relativamente poco que pueden lograr los individuos para contrarrestar los efectos del calentamiento global. Desde su experiencia profesional en los campos y en los laboratorios, además de su formación en ABUA (Asociación Bíblica Universitaria Argentina), descubren "un camino más esperanzador". Al buscar interacciones reales con la naturaleza y recuperar el concepto de lo sagrado, se abre la posibilidad de "convivir en armonía con la vida".

Para concluir, el doctor Alfredo Salibian nos abre el corazón de un científico tan comprometido con su profesión como con su fe. En sus "Reflexiones sobre la problemática ambiental latinoamericana", analiza las mentiras predicadas por las compañías extranjeras que aprovechan de las materias primas disponibles en Latinoamérica a bajo costo y con poca regulación. En particular se enfoca en el papel de la tenencia de la tierra en la sociedad argentina y destaca que "los productos de la agroindustria no habrían contribuido a brindar seguridad alimentaria para tantos argentinos". Cierra su artículo con varias sugerencias muy prácticas para individuos y comunidades para defender su "derecho humano irremplazable a un ambiente sano".

En el epílogo, el destacado estadista cristiano C. René Padilla agrega su toque de oro a este tomo. Se atreve a llamar el mal cuidado de la Tierra por la humanidad un "suicidio", una autodestrucción causada por nuestro pecado ecológico. Sin embargo, hay un camino que puede detener esta muerte innecesaria. Si volvemos a Dios, y resistimos al dios falso del consumismo, habrá posibilidades de una vida plena para la humanidad.

Estimadas y apreciados lectores, al llegar a final del libro, habrá varias alternativas. Unas personas podrían concluir que "es un libro interesante, pero no tengo tiempo de seguir adelante con los temas abordados". Otras dirían: "No estoy de acuerdo y ya". Sin embargo, mi anhelo es que hayan escuchado en los escritos aquí una alarma de fuego, el grito del planeta agonizante, la nota de un paciente en camino al suicidio. Y al oír estos sonidos, que respondan con mente y corazón. Examinen la evidencia científica lo mejor que puedan. Discútanla con su familia, su iglesia y sus amigas/os. Pero, a fin de cuentas, den pasos de acción para sanar nuestros pueblos y la Tierra entera. Nuestro planeta necesita mayordomas/os fieles y valientes. Que las futuras generaciones digan de la nuestra: "Estos seguidores de Jesús reconocieron el gran reto que Dios había puesto en sus manos y respondieron con fe y valor". ¡Amén!

Dios grande, ciencia grande[1]

Sir John Houghton

Debido a la creencia común de que la ciencia y la religión están opuestas entre sí y no se mezclan, la expresión: "Dios grande, ciencia grande" puede parecer un oxímoron. Pero deliberadamente he puesto la ciencia y la religión juntas porque no creo que estén en oposición. De hecho, la idea de que sean opuestas es relativamente reciente. Espero que, al reflexionar más cuidadosa y profundamente sobre ambas, los persuada a mis lectores que la ciencia y la religión se apoyen la una a la otra de manera que se enriquezcan mutuamente.

Mi propia historia como científico inició hace cincuenta años. El acontecimiento más importante de mi vida científica temprana fue el lanzamiento del primer

---

1. Este capitulo fue originalmente dictado como ponencia en Wheaton College, Wheaton, IL, Estados Unidos de América, 24 enero 2007.

satélite Sputnik de los rusos en 1957. Luego, en 1960, Estados Unidos lanzó su primer satélite. Junto con otros, comencé a pensar en lo que se podría hacer para observar la Tierra, la atmósfera, los océanos —el conjunto del sistema terrestre— desde el espacio. Nos presentaron con esto una oportunidad notable de hacer algo absolutamente nuevo en el aprendizaje sobre la atmósfera global que nunca había sido posible antes.

Fueron primero los satélites y después las computadoras los que transformaron la ciencia de la meteorología, la ciencia de la previsión del estado del tiempo y la ciencia del entendimiento del clima. Fue privilegio mío ser parte de esa transformación. Durante los años setenta, trabajé en la National Aeronautics and Space Administration (NASA, agencia nacional aeroespacial norteamericana), construyendo los instrumentos para observar la Tierra desde el espacio en cuatro misiones separadas, seguidas por una misión a Venus en 1978.

Venus es un poco más cercano al Sol que nosotros, pero su superficie es de un intenso calor rojo. ¿Y por qué es tan caliente? Porque su atmósfera es casi puro bióxido de carbono y el efecto de invernadero sobre Venus es enorme. Este es un ejemplo muy bueno del calentamiento de un planeta.

El *big bang*

Quisiera hablar brevemente sobre el universo. Durante los pasados sesenta años los científicos han estado trabajando para mostrarnos la física de lo muy pequeño, tal como las minúsculas partículas que componen los núcleos atómicos, y lo muy grande, tal como las galaxias remotas en el espacio exterior. La física combinada de ambos describe notablemente el universo como lo conocemos. La evidencia señala fuertemente a que el universo comenzó hace cerca de 14 mil millones de años en lo que se conoce como el *"big bang"* (la gran explosión), cuando toda la materia y la energía, concentrada en un volumen extremadamente pequeño de alta densidad y temperatura increíble, comenzó a expandirse. Ha continuado expandiéndose desde entonces.

Comento en breve tres aspectos del universo: su tamaño, su energía y su precisión. Imaginen al Sol como una pelota de golf en medio de un gran galpón; la Tierra entonces sería un granito de arena áspera cerca de una de las paredes. La estrella más cercana estaría cientos de millas más lejos. El espacio está vacío. A simple vista y con un cielo bien claro, es posible contar cerca de 3000 estrellas. Pero la Vía Láctea, la galaxia a la cual nuestro Sol pertenece, tiene cien mil millones de estrellas. En el universo en su totalidad, hay alrededor de mil millones de galaxias. Multiplicando estos números encontramos el número total de estrellas en el universo. Desde la más alejada, a la luz le lleva 10 mil millones de años para alcanzarnos. Queda claro que el universo es increíblemente enorme en espacio y tiempo.

La energía en el universo no es menos imponente. Estamos familiarizados con los volcanes, los terremotos o las tormentas eléctricas, pero estos son diminutos comparados con lo que sucede en el resto del universo. El acontecimiento más grande de todos fue el *big bang* al principio del universo. Como materia expandida del *big bang*, las regiones de alta densidad se condensaron en estrellas. Las estrellas brillan por el lanzamiento de energía nuclear en forma de hidrógeno que se convierte en helio, lo que produce más energía. Las reacciones nucleares dentro de las estrellas forman otros elementos: carbono, nitrógeno, oxígeno y los elementos a través de la tabla periódica hasta llegar al hierro. Las estrellas grandes, mientras se envejecen, estallan como supernovas; en estas explosiones, se forman elementos más pesados, por ejemplo platino, plomo, oro y uranio. Del producto de estas explosiones, se forman las estrellas nuevas. Nuestro Sol es una estrella de segunda generación. Del rico material alrededor de nuestro Sol, que contiene todos los noventa y dos elementos naturales, fueron formados los planetas, incluyendo nuestra Tierra. ¡Qué energía encontramos en el universo!

¿Qué sobre la precisión? Estamos familiarizados con los movimientos muy exactos de las estrellas y de los planetas en el cielo. Hablar del comienzo de nuestro universo en términos de una "gran explosión" no parece ser algo muy exacto. Sin embargo, la ciencia demuestra su extrema precisión. La fuerza del *big bang* produjo la expansión del universo con la gravedad que intentaba alejarlo de él. Estas fuerzas tuvieron que balancearse en 1 por 10 a la 60 potencia (1×10^{60}). Esto es un 1 seguido por 60 ceros. Y si este parece un número grande, espere a escuchar de uno aun más grande. Al considerar la entropía, o la forma en que se ordena el universo, se plantea la cuestión: "¿Qué clase de orden fue necesario al principio del *big bang*?" De acuerdo con Sir Roger Penrose, distinguido profesor de matemáticas de Oxford que ha estudiado este problema de la entropía, esta tuvo que ser fijada con una precisión de 1 por 10 a la 10 potencia a la 123 potencia $((1 \times 10^{10})^{123})^2$. Si todos los árboles en la Tierra fueran transformados en papel y todo ese papel lleno con ceros, no habría suficientes ceros para describir ese número. Si se pusiera un cero en cada átomo del universo, todavía no habría suficientes ceros para describir ese número. ¡Que fantásticamente fino!

Las leyes de la naturaleza

Tamaño, energía, precisión: todo más allá de nuestra imaginación más loca. Para que los seres humanos existan, se necesita el universo entero con su enorme tamaño, escala de tiempo, energía y precisión. Esta realización conduce a la pregunta que muchos científicos han hecho: ¿Fue el universo diseñado con los seres humanos en mente?

Y a pesar de la complejidad de que he hablado, a menudo se dice que el objeto más complejo del universo es el cerebro humano. Asombrosos, nuestros cerebros tienen la capacidad de entender algo del diseño

---

2. Véase Roger Penrose, *The Emperor's New Mind: Concerning Computers, Minds, and the Laws of Physics* (Oxford: Oxford UP, 1989).

y la estructura del universo. Encontramos el universo que se ordena de acuerdo con las leyes científicas que podemos descubrir: la ley de la gravedad, las leyes de movimiento de Newton, las leyes de la mecánica cuántica y así sucesivamente. ¿De dónde vienen? Los cerebros humanos no inventan estas leyes sino que las descubren. Ellas también fueron parte de la creación de Dios. Son leyes de Dios, y la ciencia que los seres humanos exploran es la ciencia de Dios.

Albert Einstein dijo alguna vez: "Lo más incomprensible del universo es que sea comprensible". Esta comprensibilidad hace resaltar una característica única que poseemos los seres humanos, que hemos sido hechos a la imagen de Dios (Gn 1:26), lo que nos brinda la capacidad de la comprensión y de la creatividad. Pablo, en su epístola a los Romanos dice que la creación nos lleva al conocimiento de Dios, "porque desde la creación del mundo las cualidades invisibles de Dios, es decir, su eterno poder y su naturaleza divina, se perciben claramente a través de lo que él creó, de modo que nadie tiene excusa" (Ro 1:20). Si eso fue verdad en los días de Pablo, ¿cuánto más hoy día con nuestro conocimiento mayor de la creación?

¿Qué clase de Dios?

¿De qué clase de Dios estamos hablando? Este Dios es comúnmente conocido como un Dios deísta. Muchos científicos están dispuestos a aceptar alguna inteligencia detrás del universo. Einstein se describió a sí mismo como un no creyente profundamente religioso que creyó en un Dios deísta. Igualmente Richard Dawkins reconoce a un dios en ese sentido, aunque él no quiere utilizar la palabra "dios". Pero al argumentar que la ciencia ha refutado a Dios, Dawkins y otros han pasado los límites de la ciencia y de hecho la están usando mal. La ciencia responde a la pregunta: "¿Cómo?", no a la pregunta: "¿Por qué?". La ciencia ni prueba ni refuta la existencia de Dios. La perspectiva de que la ciencia cuenta la historia *completa* no solo es parcial, es totalmente incorrecta.

El diseño inteligente

Ahora déjenme decir algo sobre el "diseño inteligente", una frase que actualmente se oye con frecuencia. Argumentos de científicos como Dawkins, que apasionadamente dicen que la ciencia está desconectada de Dios, estimulan lo que se conoce como el movimiento del diseño inteligente. Sus autores sostienen que hay áreas de la ciencia, especialmente esas referidas a la evolución de los sistemas vivos, donde el grado de complejidad es tal que la explicación a base de la ley científica es imposible. Las llaman las "áreas de la complejidad irreducible" y sostienen que deben haber sido diseñadas inteligentemente por algún agente sobrenatural. Algunas cosas por lo tanto pertenecen a la ciencia y otras a lo sobrenatural.

Este acercamiento tiene grandes problemas. El primero y el más obvio es que el conocimiento científico crece tanto como el entendimiento científico. Lo que parece imposible de entender hoy, con tiempo puede quedar dentro del dominio de la descripción científica. Si algunas cosas se etiquetan hoy como debido a la acción divina directa, algún tiempo más adelante puede emergerse una descripción científica de modo que la acción supuestamente sobrenatural quedará obsoleta. Este "Dios de las brechas" está obligado a disminuir mientras que la ciencia avanza.

El segundo problema con el acercamiento del diseño inteligente es aun más fundamental. Está basado en una idea falsa de la naturaleza de las leyes científicas. Estas leyes no son inventadas por los científicos; son una expresión de la actividad ordenada del Dios creador. Toda la creación es el diseño inteligente de Dios, tanto donde hemos descubierto algunas de las leyes por las cuales se controla (¡son leyes de Dios!) como donde no tenemos hasta ahora ninguna descripción en términos de ley científica. Los argumentos del movimiento del diseño inteligente están basados en un malentendido de la naturaleza de la ciencia y conducen a un Dios demasiado pequeño. Creo que es vital que los cristianos, especialmente los cristianos que son científicos, insistan que el Dios creador es el Autor y el Sustentador de toda la creación y que todas nuestras descripciones científicas proporcionan evidencia de su diseño inteligente.

Hablando de esta manera, podría quizás ser acusado de sobresimplificar las opiniones de la comunidad del diseño inteligente. Hay de hecho muchos puntos detallados que se pueden discutir. La mayor parte de los ejemplos del diseño inteligente que se proponen son de biología; sin embargo como no soy biólogo, no puedo comentar respecto de ellos detalladamente. Francis Collins, biólogo distinguido y jefe del proyecto del Genoma Humano, ha tratado algunos de ellos en su libro excelente *El lenguaje de Dios*[3].

Cuando hablan de la ciencia, algunos cristianos dan la impresión de estar planteando un dilema: creer en la ciencia o creer en Dios. Creo que es un dilema totalmente falso, porque la ciencia describe la creación y la forma en que Dios la ha creado. Por lo tanto enfatizo lo que es un punto básico, absolutamente fundamental: nuestra ciencia es ciencia de Dios y a Dios le pertenece. Eso lo creo desde mi primer año como científico. He estado explorando la relación y las conexiones entre la ciencia y la fe durante la mayor parte de mi vida, y con gran recompensa.

El Grupo Intergubernamental de Expertos sobre el Cambio Climático

Ahora quisiera mencionar el IPCC (Grupo Intergubernamental de Expertos sobre el Cambio Climático)[4] sobre el que tuve el privilegio de presidir por catorce años. El propósito del IPCC era proporcionar una apreciación exacta de la compleja ciencia del cambio

---

3. Francis S. Collins, *El lenguaje de Dios: Un científico presenta evidencias para creer* (México: Planeta, 2006).
4. Ver http://www.ipcc.ch/home_languages_main_spanish.shtml#.T4x0Q7P2aSo.

climático. Participaron centenares de científicos, incluyendo la mayor parte de los principales científicos del clima en el mundo, todos partiendo de diferentes trasfondos, agendas personales e ideas preconcebidas sobre lo que debe hacer la ciencia. Con todo, cuando realmente conseguimos estar de acuerdo, acordamos que la ciencia es una disciplina absolutamente honesta. Pudimos generar las evaluaciones del IPCC que han sido inestimables en el abastecimiento de la información confiable al mundo.

Los datos sobre el cambio climático son enormemente grandes y variados. Necesitamos verlos todos como un conjunto. Una pequeña parte de los datos se puede seleccionar para probar casi cualquier cosa. Es necesario encontrar el mejor equilibrio que incluya toda la evidencia. El proceso de buscar el equilibrio suele hacernos humildes. Thomas Huxley, científico del siglo XIX, habló de ser humilde ante los hechos de la ciencia que presentan un cuadro del mundo, del universo, del conjunto de esa creación tan maravillosa, tan compleja y tan ordenada. Y a pesar de la complejidad, podemos entender algo de ella. A menudo hablo de la importancia de mantener la honestidad, la humildad y la santidad. Cada una es importante en nuestro acercamiento a la ciencia, y de hecho en nuestro acercamiento a muchas áreas en nuestra vida.

Quisiera agregar una cosa más. Al hacer frente a la responsabilidad de presidir algunas de estas grandes y difíciles reuniones del IPCC, estuve consciente de las oraciones que la gente cristiana hacía por mí, tanto dentro del grupo del IPCC como a lo largo del mundo. Sentí y aprecié el poder que tienen la oración y la gente que está orando.

Un Dios personal

Ahora déjenme regresar al Dios deísta que presenté anteriormente y preguntar: ¿Puede ese Creador ser más que un Dios deísta? Aún recuerdo que el científico que era el supervisor de mi programa de doctorado en Oxford hace algunos años, decía: "Yo puedo creer en un Dios que ha hecho todo y que hizo las leyes de la naturaleza. Pero un Dios que esté interesado en mí, no puedo creer en esto. De ninguna manera". Esto es demasiado simple para un incrédulo. Podemos parecer diminutos en términos del tamaño del universo entero, pero Dios es enormemente grande, más grande de lo que podemos imaginarnos jamás. No hay razón para sostener que él no puede estar interesado en nosotros. Casi por definición, Dios es suficientemente grande para estar interesado en todos y cada uno de nosotros.

¿Hay evidencia en la ciencia que apunta a un Dios personal? Steven Hawking, un cosmólogo con la enfermedad de Lou Gehrig, escribió el *best seller* titulado: *Brevísima historia del tiempo*[5], que ha vendido 10 millones de copias. (Con mis libros, si vendo diez ejemplares, ¡me felicito!) Es un libro notable, conocido como "el *best*

---

5. Stephen W. Hawking, *Brevísima historia del tiempo* (Barcelona: Crítica, 2005).

seller más leído del mundo", que no es fácil de leerse. En este libro Hawking habla de la mente de Dios. Él diría que no es creyente sino que esencialmente cree en un Dios de cierta manera deísta. Su libro juega con la idea de la *mente de Dios*, pero no puede explicar qué significa la misma. ¿Está Hawking, quizás inadvertidamente, atribuyendo cualidades personales a Dios?

Anteriormente, expuse la evidencia que sugiere que el universo ha sido diseñado deliberadamente con nosotros los seres humanos en mente. También poseemos la capacidad para entender y apreciar el magnífico diseño del universo: su orden, su precisión, su base matemática, y quizás lo más sorprendente de todo, su confiabilidad y coherencia. Y todo esto es posible porque tenemos mentes, con consciencia y conocimiento propio.

¿Pero qué son la consciencia y el conocimiento propio? Los científicos hacen estas preguntas; de hecho, la comprensión de la ciencia de la mente es quizás el desafío más grande al que se ha enfrentado la ciencia moderna. Pero la ciencia no avanza mucho hacia una buena definición de lo que significa ser consciente. Por ejemplo, supongamos que nos dicen que podemos comunicarnos a través de un teclado con una entidad en un cuarto cerrado, y esa entidad podría ser o una computadora o una persona. ¿Cómo podemos decidir cuál es? Todavía no se ha formulado ninguna prueba adecuada. Pero todos sabemos que tenemos consciencia, conocimiento de nosotros mismos y libertad de acción.

Puesto que poseemos estas cualidades de personalidad —consciencia, conocimiento de nosotros mismos y libertad de acción— podemos sostener que deben también ser características del Dios creador. Después de todo, hemos sido hechos a su imagen. Dios, el hacedor del universo, no es meramente un matemático o una máquina. Tal Dios sería totalmente inadecuado y sin interés. Pero un Dios con personalidad, con quien podemos relacionarnos, realmente captaría nuestra atención. Aunque esta es una idea que Dawkins aleja de nuestro alcance en su libro *El espejismo de Dios*[6], no proporciona ningún argumento, científico ni de otra índole, para desecharla.

Tener una relación personal con él que creó el fantástico universo es la más maravillosa y más emocionante posibilidad que está abierta a nosotros como seres humanos. Es algo digno de buscar más que todo lo demás en el mundo. De hecho, nuestra exploración científica, el hacer la pregunta: "¿Por qué?", nos ha llevado a preguntar si Dios el Creador puede ser conocido por nosotros. Como William Temple, arzobispo de Canterbury, escribió hace sesenta años: "La teología natural (el estudio de lo que se puede aprender acerca del Dios de la creación) termina con hambre de la misma Revelación Divina que comenzó excluyendo"[7].

Un universitario comenzó un ensayo sobre la ciencia y la religión con la siguiente frase: "La diferencia

---

6. Richard Dawkins, *El espejismo de Dios* (Pozuelo de Alarcón: Espasa, 2007).
7. William Temple, *Nature, Man, and God* (Londres: Macmillan, 1935), 306.

entre la ciencia y la religión es que la ciencia es material y la religión es inmaterial". Parece (con su ambigüedad de significado) expresar una simple y fácil división, pero creo que esta es una idea falsa de la ciencia y de la religión. Lo material y lo espiritual no carecen de relación. Nuestra participación con el mundo material y nuestro estudio científico del mismo no están alejados de la gran visión que tiene Dios para su creación, sino que están entretejidas íntimamente con ella. El mundo necesita desesperadamente un Dios personal. Los cristianos necesitan un Dios personal. ¿Qué tan personal es tu Dios? ¿Él está más cerca de ti que las manos y los pies? ¿Es alguien a quien realmente conoces? Porque si no es así, las posibilidades de conocer a un Dios personal son enormes.

Los dos libros

Remontemos trescientos o cuatrocientos años al nacimiento de la ciencia moderna como la conocemos. Un grupo de científicos pioneros que incluye a Isaac Newton, Robert Boyle, Christopher Wren, John Ray y muchos otros se reunían regularmente en Oxford, Londres para intercambiar información sobre sus últimos experimentos, mientras que investigaban exitosamente el funcionamiento de la naturaleza en todos sus aspectos. Muchos de ellos eran cristianos y creían que su búsqueda de la ciencia era para la gloria de Dios. Hablaron sobre la revelación de Dios en la forma de *dos libros*: el libro de la obra de Dios según lo encontrado en su creación e investigado por la ciencia y el libro de la Palabra de Dios encontrada en la Biblia. Que Dios se haya revelado a sí mismo de estas dos maneras es una idea poderosa.

De hecho, la idea es mucho más antigua. Particularmente surge en el Salmo 19. Comienza declarando: "Los cielos cuentan la gloria de Dios". Sus primeros seis versículos hablan de la obra de Dios en la creación, y los siguientes tres acerca de las palabras de Dios en las Escrituras. Los versículos finales hablan del valor de la Palabra de Dios y nos animan a aplicarla a nuestros propios pensamientos, acciones y palabras. David, autor del salmo, podría ver solamente cerca de 3000 estrellas y conocía solamente un fragmento de la Palabra de Dios en los libros de Moisés. Con todo, se entusiasmó con la obra y las palabras de Dios.

Nosotros sabemos mucho más de la obra y la Palabra de Dios. Lo más importante que tenemos es la persona de Jesús: la imagen perfecta de Dios; el Hijo del hombre y el Hijo de Dios que asimismo se convirtió en parte de la creación. Dios no habría podido darnos un mensaje más fuerte sobre su propósito para la creación que la persona de Jesús. Pero vivimos en un mundo que no le hace caso a Dios y que por la mayor parte desconoce la Biblia. Las reglas de Dios no son seguidas, y la gente hace lo suyo, piensa lo que quiera y hace lo que le guste. Es la manera moderna. Cuando el mundo se ve de esta perspectiva subjetiva, los hechos son ignorados. Incluso la verdad objetiva de la ciencia es cuestionada y vista justamente como otra opinión.

La ciencia y la teología juntas demuestran algo muy importante. Ambas están hablando de la verdad objetiva: verdad objetiva sobre el universo, verdad objetiva sobre nosotros mismos y verdad objetiva acerca de Dios, lo que tiene grandes implicaciones para nuestro cuidado de la creación.

La sabiduría de Dios en la creación y en Jesús

Finalmente, déjenme presentarles el pasaje de Proverbios 8:22–31, donde tenemos una expresión hermosa de la sabiduría de Dios en la obra de la creación. Su sabiduría se personifica en estos versículos como "afirmando la obra de Dios, día tras día llenándose de alegría, disfrutando siempre de estar en su presencia, regocijándose en el mundo que Dios creó y deleitándose en el género humano". Porque también somos creativos, podemos de cierta manera compartir el puro gozo experimentado por Dios el Creador.

En el Nuevo Testamento, esta sabiduría personificada se identifica con Jesús (1 Co 1:24). En los primeros versículos del Evangelio de Juan, a Jesús se le describe como el agente de la creación: "por medio de él todas las cosas fueron creadas". Pablo describe a Jesús como el Creador y el Sustentador del universo: "por medio de él fueron creadas todas las cosas" y "por medio de él forman un todo coherente" (Col 1:15–17). Es en Jesús que la Palabra fue hecha carne (Jn 1:14) y que lo espiritual y lo material se unen. El conjunto de la creación está implicado en Juan 3:16: "Porque tanto amó Dios al mundo...". Este es Jesús quien, como el Autor y el Redentor de toda la creación, está en el centro de la gran visión de Dios. Él continúa en el centro mientras que anticipamos nuevos cielos y una nueva tierra, un cielo transformado y una tierra transformada, para los cuales Jesús resucitó en cuerpo transformado.

Un poema por William Cowper, publicado en *Olney Hymns* en 1779, se basa en el pasaje de Proverbios 8. Describe maravillosamente la sabiduría de Dios en la creación y en Jesús. Aquí está (traducción libre)[8]:

Antes de que Dios construyera las montañas
O elevara las fructíferas colinas;
Antes de que llenara las fuentes
Que alimentan los riachuelos corrientes,
En mí, desde la eternidad,
El maravilloso YO SOY
Encontró placeres que nunca se pierden,
Y Sabiduría es mi nombre.

Cuando, como una tienda para morar,
Él extendió los cielos;
Y juntó las turgentes aguas
De la poderosa oleada del océano;
Él forjó por peso y por medida,

---

8. William Cowper, "Ere God Had Built the Mountains", en *The Olney Hymns: In Three Books*, comp. John Newton, 1779.

Y yo estaba con él entonces;
Yo mismo, el placer del Padre,
Y míos, los hijos de los hombres.

Así las palabras de sabiduría descubren
Tu gloria y tu gracia,
¡Tú, amante eterno
De nuestra raza indigna!
Tu ojo bondadoso nos miró
Antes de que se vieran las estrellas.
Con sabiduría nos has hecho,
Y has muerto por nosotros por amor.

¡Y podrías deleitarte
Con criaturas como nosotros!
¿Nosotros que cuando te vimos te desechamos
Y te clavamos en un árbol?
¡Maravilla incomprensible,
Y misterio divino!
La voz que habla en el trueno,
Dice: Pecador, ¡soy tuyo!

Parte 1
Estudios de caso

¿El clima está loco?:
Impactos del cambio climático en la región del Cusco, Perú

Juliana Morillo Horne

Sentada en un rincón de mi casa en San Jerónimo, Cusco, me dispongo a reunir algunas ideas sobre los efectos del cambio climático en esta región del sur del Perú, cuando de repente, el silencio es interrumpido por la caída estrepitosa de grandes cubos de hielo que descienden y rebotan incesantemente por unos diez minutos, averiando jardines y áreas verdes, amenazando a transeúntes que no se esconden bajo techo, rompiendo tejados y ventanas (incluidas las de nuestra casa) con la fuerza de su caída y dejando el suelo cubierto de una capa de hielo. Graniza como nunca antes habían visto los vecinos.

Pasado el incidente, logramos arreglar parte del "caos" recién creado, mientras los chiquillos del vecindario se divierten haciendo muñecos con granizo recolectado, decorándolos al mejor estilo cusqueño.

Pero nos preguntamos: ¿Cómo habrán experimentado esta granizada aquellas familias de comunidades quechuas vecinas, quienes acababan de invertir sus ahorros y esfuerzo en unos sembradíos de maíz y papa que apenas estaban en etapa temprana de desarrollo? Para ellos, una granizada como esta puede arruinar de un solo golpe toda su inversión.

A diario, los medios de comunicación, la literatura científica y nuestras mismas vivencias nos confirman que hay profundos cambios en el clima que están afectando a todo el globo. Decimos: "Las cosas no están como antes: ¡El clima está alterado!". Pero en algunas regiones geográficas del mundo estos cambios se sienten con mucha mayor intensidad.

El IPCC (Grupo Intergubernamental de Expertos sobre el Cambio Climático), estableció que las *zonas altoandinas* son una de *las regiones más vulnerables del mundo frente al cambio climático*[1]. La región del Cusco, en sus zonas altas superiores a los cuatro mil metros sobre el nivel del mar (msnm), siente por lo menos dos veces más fuertemente los efectos del cambio climático comparado con lo experimentado al nivel del mar[2]. La menor predictibilidad del clima, y en particular de las lluvias, aumenta la incertidumbre de las actividades agrícolas, ganaderas y comerciales del

---

1. IPCC, "Cambio Climático 2007: Informe de Síntesis" (Ginebra: IPCC, 2007).
2. Gilberto Romero y otros, "Estudio de impactos de la variabilidad y cambio climático en los sistemas productivos rurales y en las condiciones de vida y desarrollo campesinos", Informe Final Microcuenca Huacrahuacho (Cusco: PACC Perú-PREDES, 2010).

poblador altoandino, y afecta a otros sectores de la economía regional.

Pero el cambio climático no llega a un contexto de una población próspera, sino que precisamente estas regiones altoandinas concentran la mayor pobreza en el Perú. El último Censo Nacional de Población y Vivienda[3] revela una incidencia de pobreza extrema del 27.8% en la región de Cusco a nivel general; pero esta cifra se aumenta al doble o más, para 6 de sus provincias altoandinas como Paucartambo, Chumbivilcas y Paruro. En las zonas rurales, un 19.7% de la población es todavía analfabeta. Según un estudio del Ministerio de Salud sobre desnutrición crónica[4], un 23.8% de los niños menores de 5 años del Cusco sufre desnutrición crónica, llegando hasta un 51% en las zonas altoandinas.

En el presente capítulo, buscaremos conocer algo de la realidad del cambio climático en la región altoandina del Cusco, no solo en forma teórica, sino también basada en las experiencias de la población afectada. Después de revisar rápidamente la evidencia científica del cambio climático en el Cusco, nos enfocaremos en "escuchar las voces" de la población local. *¿Cómo afectan estos cambios climáticos de las últimas décadas las vidas y medios de sustento de las poblaciones quechuas marginadas? ¿Cuáles son sus mayores preocupaciones* sobre este tema?

---

3. Instituto Nacional de Estadística e Informática, "Censo nacional de población y vivienda" (Lima: INEI, 2007), http://censos.inei.gob.pe/censos2007/indPobreza/.
4. MINSA-Centro Nacional de Alimentación y Nutrición, "Datos de desnutrición crónica 2009", http://peru.nutrinet.org/estadisticas-nacionales/indicadores-de-salud-y-nutricion/desnutricion-cronica/datos-2009.

Seguidamente, trataremos de entender más a fondo los *factores que hacen que las poblaciones altoandinas sean particularmente vulnerables* a los efectos del cambio climático y también conocer algunas *estrategias de adaptación históricas de estos pueblos*.

Luego, teniendo en cuenta que hay una presencia evangélica significativa en la sierra peruana, examinaremos algo de la *situación y las respuestas de la iglesia*, como grupo humano también afectado por el cambio climático. Toda esta discusión nos ayudará a plantear una *propuesta de acción frente al cambio climático en el Cusco*, que incluya también a la iglesia local y global.

La región del Cusco

Trasladémonos al departamento del Cusco, en la parte central y sur oriental del Perú, reconocido a nivel mundial por ser la cuna de la cultura inca. La región del Cusco es atravesada por la cordillera de los Andes, lo cual hace de ella una región sumamente biodiversa y de cambios abruptos en el paisaje y ecosistemas: altos nevados como el Sacrarayoc y Ausangate, a 5000 m de altura, contrastan con las zonas de puna aledañas; luego aparecen colinas, mesetas y valles profundos entre los 3000 y 3500 msnm. Entre los 2800 y 1000 msnm, encontramos superficies escarpadas, que finalmente se extienden hacia vastas llanuras tropicales o selvas, entre los 1000 y 100 msnm.

Por sus características geográficas, la región recibe una buena cantidad de agua en sus nevados, ríos, riachuelos, lagunas y humedales. Esencialmente todo el territorio del Cusco drena hacia la Amazonía; por tanto, los efectos del cambio climático afectan indirectamente a gran parte del territorio peruano, e inclusive a nivel global, por considerarse esta zona como "pulmón del mundo"[5]. Los nevados del Cusco son sistemas maravillosos de regulación hídrica que liberan agua en tiempos de sequía y la retienen en otras épocas, constituyéndose en factor crítico para la disponibilidad del agua en estas regiones. El glaciar Quelccaya es un caso representativo por tener la capa de hielo más grande de todos los glaciares tropicales en el mundo. Sin embargo, los monitoreos de este nevado entre 1978 y 2008 indican una pérdida de seis metros anuales de glaciar durante los primeros quince años, y de sesenta metros anuales durante los últimos quince, indicando que la velocidad del retroceso ¡se ha multiplicado por diez![6]

Desde tiempos inmemoriales, el Cusco se caracteriza por sus duras condiciones climáticas: la temperatura en sus zonas más elevadas llega hasta los 20 °C bajo cero, cubriendo cerros, lagunas y suelos con una capa de hielo. Las condiciones extremas del clima —las heladas, granizadas y sequías— siempre

---

5. Jaime Llosa L., Erick Pajares Garay, Oscar Toro Quinto, *Cambio climático, crisis del agua y adaptación en las montañas andinas* (Lima: Red Ambiental Peruana-DESCO, 2010).
6. Gobierno Regional del Cusco-PACC, Unidad Operativa Regional de Cambio Climático, "Diagnóstico situacional regional y estrategia regional frente al cambio climático", (Cusco: Gobierno Regional del Cusco-PACC, 2011).

han dificultado el desarrollo normal y el hábitat del poblador andino. Sin embargo, *durante las últimas dos décadas, ¡la región ha experimentado condiciones climáticas aun más extremas e impredecibles!* En este capítulo nos centraremos en los efectos del cambio climático en las zonas de alta montaña de la región del Cusco, por encima de los 3500 msnm, donde se registran los impactos más visibles de este fenómeno.

Evidencias de variabilidad climática en el Cusco

Se entiende por "cambio climático" el progresivo calentamiento del planeta, causado por las emisiones de gases de efecto invernadero (GEI) generados en buena parte por los seres humanos. El cambio climático desde ya está afectando directamente a millones de personas de la sociedad en general y a todas las especies y los ecosistemas.

A nivel regional en el Cusco, las dos principales evidencias directas del cambio climático son:

1. **Un aumento en la temperatura promedio**: La temperatura promedio registrada en los últimos 44 años en el Cusco indica un aumento de entre 0.2 y 0.5 $^\circ$C por década. En la mayoría de las estaciones meteorológicas de la región del Cusco, se observa una tendencia de aumento en la temperatura máxima extrema diaria (es decir, los días están siendo más calientes) y también un aumento

en la temperatura mínima diaria (es decir, las noches están tendiendo a ser menos frías)[7].

A nivel científico, se observa que este aumento de la temperatura causa el deshielo de glaciares; hay menor disponibilidad de agua y los incendios forestales se vuelven más comunes y críticos. Los estudios demuestran que los campesinos tienen que sembrar cada vez a mayores alturas para que sus cultivos tengan la temperatura adecuada, y que los bosques nativos de "queuña"[8], y otras valiosas especies vegetales y animales de biodiversidad a nivel local, están amenazados.

2. **Cambios impredecibles en los patrones de precipitación:** En la última década (2000–2009) ha habido una disminución de la precipitación anual con respecto a la década de los noventa. Estudios del comportamiento hidrológico de provincias altas de la región del Cusco confirman cambios en la cantidad, la temporalidad y la intensidad de las precipitaciones. Estos incluyen: la alteración del ciclo de lluvias; la existencia frecuente de heladas, granizadas y lluvias intensas fuera de época; y la mayor presencia de "veranillos" durante épocas que deberían ser lluviosas. Durante los últimos siete años, se han duplicado los registros de

---

7. Ibíd.
8. El árbol de queuña (*Polylepis spp*) es característico de la sierra alta del Cusco y resiste el clima extremo a alturas de hasta 5000 msnm. Actualmente está en peligro de extinción, quedando solo algunos relictos de estos bosques dispersos por el Cusco.

emergencias por inundaciones, avalanchas, deslizamientos, sequías y heladas[9].

El no tener un patrón predecible de lluvias lleva a retrasos en las siembras, a que se altere la productividad de cultivos o inclusive a que se arruine toda la cosecha (en el caso de heladas o granizadas que llegan fuera de tiempo). También estas condiciones climáticas llevan a la aparición de nuevas plagas, como la rancha de la papa, que contribuyen a diezmar las cosechas. Con la disminución en la producción de cultivos de subsistencia, se reduce el acceso a estos productos agrícolas, bien sea mediante autoconsumo o trueque en mercados locales, y se acentúa la compra y el consumo de alimentos con menor valor nutritivo, todo lo cual disminuye la seguridad alimentaria.

Las heladas provocan un aumento de enfermedades y muertes por causas respiratorias (pulmonía, neumonía) particularmente en niños(as) y en personas de edad. También afectan a los animales vacunos, ovinos y otros, causando inclusive su muerte, y afectan a las demás actividades económicas de la región.

Percepciones locales del cambio climático y sus efectos

Pero escuchemos ahora las voces de los habitantes de estas regiones altoandinas. Sus testimonios sobre cómo el

---

9. Llosa, *Cambio climático*.

cambio climático afecta sus vidas y actividades —tomados de estudios recientes sobre el cambio climático en el Cusco[10]— confirman los resultados científicos antes mencionados sobre cambios en el régimen de precipitación y la elevación de la temperatura en los últimos años.

Percepciones locales sobre la "impredictibilidad de lluvias y heladas"

> Ahora en cualquier momento llueve, en cualquier mes. Antes... se sabía cuándo comenzaba y cuándo terminaba, ... eso nos ayudaba en el trabajo. Ahora ya no. El clima ha cambiado..."[11]

La población percibe que los eventos climáticos (lluvias, heladas, nevadas, sequías, vientos, etc.) se han vuelto *más bruscos que antes* —de mayor intensidad y duración—, *y como fuera de época* (atemporales). Como se dice localmente: "¡El clima está loco!"

> Últimamente hay lluvias torrenciales que casi no penetran al suelo... Solo llueve desesperadamente y todo se va por encima[12].

---

10. Durante los últimos tres años, el Programa de Adaptación al Cambio Climático (PACC) ha desarrollado estudios sobre este fenómeno en el Cusco, y sobre cómo los pobladores quechuas altoandinos perciben los efectos del cambio climático. Véase http://www.paccperu.org.pe/estudios_pacc.html.
11. Campesina cusqueña, citada en Asociación para la Conservación de la Cuenca Amazónica (ACCA), *El clima de mi tierra está cambiando: Cambio climático en las zonas altoandinas*, DVD informativo (Perú: Inka Digital, 2011).
12. PACC, *La vida ya no es como antes: Percepciones sobre los cambios de clima en dos microcuencas de los Andes del Sur del Perú*, video (Cusco: PACC, 2011).

> Las nevadas que se presentan en estación húmeda, dejan a la gente sin opción: los pastos se pudren, hay gran mortandad de animales; el excremento que usamos para cocinar se va con el agua, la neumonía afecta a bebés y ancianos... ya no tenemos para mantenernos. Hay demasiada helada... Antes no era así[13].

La población local indica que "*ha cambiado la forma de llover*": algunas veces caen lluvias torrenciales en unos pocos días, y después siguen largos períodos de ausencia de lluvias. Los campesinos indican que estas lluvias intensas causan deslizamientos de laderas y daños sobre terrenos de cultivo e infraestructuras.

También observan una tendencia al retraso del *período de inicio de las lluvias*, comparado con décadas atrás. Esto retrasa, a su vez, la época de siembra, y limita la producción.

> Antes llovía, granizaba y nevaba como debe ser... Si la siembra se realizaba a su debido tiempo, las papas crecían bien, la producción de maíz era buena[14].

---

13. 13. CBC-Predes, "Impactos de la variabilidad y cambio climático en los sistemas productivos rurales y en las condiciones de vida y desarrollo campesinos: Una visión desde la población rural de Cusco", informe final (Lima, Cusco: 2011).
14. Raymundo Paniera, citado en A. Flores y G. Valdivia, "Impactos de la variabilidad y cambio climático en los sistemas productivos rurales y en las condiciones de vida y desarrollo campesinos", informe final, Microcuenca Huacrahuacho (Cusco: CBC-Colegio Andino, 2010).

> [Ahora tenemos que cambiar] la calendarización de las siembras, y [por] esto tenemos menos cosecha. Ya no es como antes. En menos tiempo, no madura; no produce como debe ser[15].

En cuanto a la temperatura, la gente percibe una intensidad mucho mayor de la radiación solar durante el día: "El sol no es como antes: antes me calentaba; ahora me quema. Igual con los animales: Parece que el sol les quemara y pelara la piel. ¡Vienen enfermedades raras!"[16].

La impredictibilidad de estos fenómenos lleva a un sentido de desconcierto: ¡ya no hay certeza!

> Nos dicen: "En esta época no hiela por ningún motivo", y... de pronto, ¡cae una helada! Eso nos desconcierta y genera mucha pérdida[17].

Percepciones locales sobre cómo se afecta la producción

Según los estudios realizados[18], para la población rural quechua, las amenazas más importantes para la producción son: las *sequías* o déficit prolongado de lluvias durante épocas en que debería llover, y en segundo lugar, la *impredictibilidad de las heladas y las nevadas*. Ambas *pueden diezmar o destruir el rendimiento de las cosechas y sus ganados.*

---

15. ACCA, *El clima de mi tierra*.
16. Citado en Karin Kancha, "Entrevista con la ingeniera agrónoma Karin Kancha" (Perú: PREDES, 2011).
17. Citado en ibíd.
18. PACC, http://www.paccperu.org.pe/estudios_pacc.html.

> Cuando hay escasez de lluvias, la papa se infecta de gusanos desde la semilla... y ya no hay qué comer porque acaba con todo. [...] el pasto no crece, y por ello, los ganados no tienen qué comer y se enflaquecen. Hasta para las personas, escasea el alimento[19].

A los pobladores rurales también les preocupa que se estén perdiendo variedades nativas de alto valor nutritivo, como la papa amarga, la kañiwa y otros tubérculos: con el aumento de temperatura y las heladas, ya no producen lo mismo.

> Hace dos años hemos fracasado en papa, haba, maíz, porque cayó granizada y luego helada. El año pasado hemos tenido pésima cosecha; y este año cayó granizada. No sé si se va a recuperar el maizal[20].
>
> Había cebada, papa, trigo, quinua, habas, illaco, añu... Ahora... sólo papa y cebada[21].

Los cultivos más expuestos a la variabilidad climática son los de subsistencia, que tienden a realizarse sin riego, y dependen enteramente de las lluvias. En algunos casos, el bajo rendimiento y las incertidumbres de la agricultura han hecho que vayan reemplazando esta actividad por otras como la ganadera.

---

19. Marina Imata, citada en Flores, "Impactos de la variabilidad".
20. PACC, *La vida ya no es como antes*.
21. Citado en Flores, "Impactos de la variabilidad".

La agricultura ya no nos resulta. Como tengo varios hijos estudiando, con lo que obtengo de mis ganados, los educo[22].

Percepciones locales sobre impactos en el sistema hidrológico

El *retiro de la nieve* o *disminución de la superficie glaciar* preocupa inmensamente a quienes viven más cerca de los glaciares. Algunos ven en el retroceso de estos un presagio de una eventual muerte o destrucción de los seres humanos. El retiro de la nieve les asusta tanto que dicen: "¡Prefiero no pensar!"[23]. Muchos de los ríos de la región provienen de glaciares, por lo que la desglaciación acelerada impacta negativamente en la provisión de agua para la agricultura, el consumo humano y pecuario y otras actividades.

En las regiones más altas, muchas fuentes de agua están escaseando y desapareciendo, no solo por factores climáticos sino también por acciones humanas como la tala de árboles, las quemas y la destrucción de humedales, todo lo cual causa alarma en la población.

Este año toda la población está preocupada. En años anteriores, este manante Tintaya nos abastecía el riego para los cultivos de todas las chacras. Pero ahora nos toca estar esperando

---

22. PACC, *La vida ya no es como antes*.
23. Kancha, "Entrevista".

a que nos toque el turno, y a veces se pasa el tiempo de la siembra de haba, de maíz, etc.[24]

Finalmente, la escasez de agua ha aumentado los *conflictos*: "Los que viven arriba, no dejan sacar agua a los que viven abajo." Para regar las tierras bajas, "se drenan los pantanos de las alturas, con lo cual las cabeceras de cuenca se secan, y los conflictos aumentan"[25]. En palabras de otro campesino afectado:

> ¡El problema del agua en mi comunidad es álgido! Ahora nos estamos peleando porque con engaños se llevan el agua mediante canales. Antes, cada comunero tenía su manante en su parcela y no teníamos motivos para pelear. Pero hoy sí: ¡esos manantes se han secado!

En ciertos casos, el gobierno también ha contribuido a estos conflictos, autorizando el uso del agua para proyectos de minería, riego, generación hidroeléctrica, etc., que benefician a empresas extranjeras o a otras regiones vecinas más prósperas, como Arequipa. Esto ha provocado reacciones por parte de las comunidades agropastoriles del Cusco, para defender sus derechos territoriales y ambientales.

Las palabras de Víctor Quispe resumen el sentir de muchos pobladores locales frente a la actual situación:

---

24. PACC, *La vida ya no es como antes*.
25. Ibíd.

Antes el sufrimiento era diferente,... nosotros servíamos en la hacienda, trabajábamos exageradamente,... sufríamos, acabábamos agotados sirviendo al hacendado. Eso ha desparecido hoy... Pero a cambio, tenemos otra clase de sufrimiento que es más doloroso para nosotros. Porque en estos tiempos las semillas no crecen como antes. El día no dura lo suficiente para acabar nuestros quehaceres cotidianos. Después,... ¡todo es caro! ... Nos hemos liberado del sufrimiento anterior... pero el sufrimiento casi es igual que antes[26].

La vulnerabilidad de las comunidades rurales altoandinas del Cusco

¿Qué es la vulnerabilidad?

Con frecuencia se piensa exclusivamente en "el clima" como principal factor o "amenaza" que determina el riesgo a que estamos expuestos. Pero nuestra susceptibilidad a los cambios climáticos no depende exclusivamente del clima en sí sino también de una serie de *factores físicos, sociales, económicos y ambientales que nos rodean o condicionan*, y que nos permiten enfrentar de mejor o peor manera las amenazas climáticas.

El investigador Blaikie[27] expresó lo anterior en una fórmula sencilla:

---

26. Citado en CBC-Predes, "Impactos de la variabilidad".
27. P. Blaikie y otros, *At Risk: Natural Hazards, People's Vulnerability, and Disasters*, 2a ed. (Nueva York: 2004).

RIESGO = Amenaza x Vulnerabilidad

Es decir, que el *riesgo* es resultado no solo de una *amenaza* sobre un sistema dado sino también de los factores de vulnerabilidad de ese sistema. El término "vulnerabilidad", del latín *vulnerare* (ser herido), se refiere en términos climáticos, al *"grado de susceptibilidad o de incapacidad de un sistema para afrontar los efectos adversos [o 'amenazas'] del cambio climático"*[28] (tales como heladas, sequías, inundaciones y otras condiciones extremas).

Cuanto mejor (menos vulnerable) esté una comunidad o un sistema en cuanto a sus condiciones físicas, sociales, económicas y ambientales, mayor resistencia tendrá para enfrentar o "aguantar" una amenaza climática, y mayores serán sus posibilidades y recursos para *adaptarse o recuperarse*, comparado con otras comunidades o sistemas afectados por esa misma amenaza.

La vulnerabilidad de las comunidades del Cusco altoandino

> Viven sometidos a un clima riguroso y a la vez fluctuante, y en el contexto de una gran escasez de bienes con un estilo de vida muy austero[29].

---

28. IPCC, *Cambio Climático 2007: Impacto, Adaptación y Vulnerabilidad, Resumen para Responsables de Políticas, Informe del Grupo de Trabajo II* (Ginebra: IPCC, 2007), 115. http://www.ipcc.ch/pdf/assessment-report/ar4/wg2/ar4-wg2-annex-sp.pdf.
29. Flores, "Impactos de la variabilidad".

Las comunidades quechuas altoandinas del Cusco son poblaciones sufridas, de duro trabajo, cuyos sistemas de vida dependen estrechamente del uso de los recursos naturales. Son descendientes de los famosos pueblos incas quienes continúan impresionando al mundo entero por su sabiduría, su hábil manejo de la agreste topografía andina y de su clima hostil, su dominio de técnicas agrícolas de riego y de almacenamiento de agua y su arquitectura.

Si bien estas comunidades han desarrollado un alto conocimiento y una estrecha relación con su difícil medio ecológico de alta montaña, ahora se sienten debilitadas para responder a la magnitud de los efectos del cambio climático. ¿A qué se debe esto? *¿Qué factores o condiciones específicas hacen que la población rural altoandina en el Cusco sea más vulnerable a los cambios climáticos?*

1. Condiciones de vulnerabilidad humana

Desde hace quinientos años, las poblaciones campesinas altoandinas del Cusco vienen sufriendo discriminación y exclusión social, política y económica: la sociedad ha desconocido sus derechos, denigrado sus tradiciones culturales y su idioma, calificándolos como atrasados, y obligándolos a migrar hacia las tierras más marginales y frágiles altoandinas. Esto los ha llevado a una situación de marginalidad y baja autoestima, que se refleja hasta el día de hoy.

También, como se mencionó antes, es precisamente en estas zonas altoandinas de mayor vulnerabilidad climática donde se concentra la pobreza y desnutrición. En general, no cuentan con servicios adecuados de educación ni vías de acceso, y muchos carecen de sistemas de agua potable y de desagüe. Las viviendas son de adobe, sin cimentación o estructuras adecuadas, por lo cual son físicamente más frágiles ante eventos naturales extremos, como inundaciones y deslizamientos de tierra.

Bajo estas condiciones, también la salud de las poblaciones altoandinas es más susceptible a los efectos del clima: La nieve y las heladas traen consigo mayores casos de neumonía y enfermedades respiratorias y un aumento en la mortalidad de niños en zonas altas. La elevación de la temperatura lleva a brotes de enfermedades como el dengue y la malaria cada vez a mayores alturas, y el Sol más intenso causa enfermedades de la piel.

2. Condiciones de vulnerabilidad natural

En la zona altoandina del Cusco, la precipitación pluvial es baja, de 300 mm por año, principalmente durante los meses de enero a marzo[30], lo cual hace de esta una zona árida[31]. Esto, sumado a las condiciones climáticas extremas, a las características escarpadas y de poca fertilidad del terreno y a la pésima calidad

---

30. Durante el período seco entre abril y septiembre, no tiende a llover en absoluto.
31. International Fund for Agricultural Development (IFAD), "Peru: Proyecto de desarrollo rural de la sierra alta de Cusco y Arequipa", http://www.ifad.org/evaluation/public_html/eksyst/doc/prj/region/pl/peru/r185pecs.htm.

de semillas con que cuentan, contribuye a que la *agricultura* sea *de alto riesgo* y a que sea más difícil para el agricultor decidir sobre sus actividades productivas.

Sin duda, las comunidades rurales altoandinas también han contribuido durante mucho tiempo a aumentar su propia vulnerabilidad: talando bosques naturales para comercializar madera o usarla como combustible; sobreexplotando el suelo en áreas protegidas o marginales; introduciendo especies exóticas vegetales, como el eucalipto, que contribuyen a la desertificación; y erosionando los suelos por sobrepastoreo.

Habiendo escasez de agua, esta no siempre se administra de la mejor manera. Un estudio reciente sobre los usos del agua en el Cusco[32] reveló que un 91.7% de la demanda de agua en la región se destina al riego de cultivos, especialmente por el sistema de gravedad que usa abundante agua y es ineficiente. En general hay un escaso conocimiento para el manejo adecuado y racional del agua.

3. Condiciones de vulnerabilidad económica

Es increíble que con el elevado crecimiento económico de 8% anual que muestra la región[33], el Cusco

---

32. "Estudio de demanda hídrica actual y futura en las regiones de Cusco y Apurimac" (Cusco: IMA-PACC, 2010).
33. Desde el 2002 el Perú y también el Cusco crecen macroeconómicamente a un ritmo promedio de un 6.6% y 8% anual, respectivamente. En el Cusco, el crecimiento obedece especialmente a los sectores turístico, extractivo y de construcción. Ver D. Mark Paira C. "¿Qué significa para el Perú su continuo crecimiento económico?", 9 febrero 2009, http://www.zonaeconomica.com/significa-peru-continuo-crecimiento-economico; Mario Bazán y otros, "La exclusión e iniciativas de crecimiento con inclusión en el Cusco:

continúe manteniendo y acentuando sus niveles de pobreza, reflejando pocos beneficios del "boom" económico para la mayoría de su población rural. En el período 2004 a 2008, mientras la economía regional y nacional crecía, la tasa de pobreza total en el Cusco aumentaba de 53% a 58%, ¡porcentajes mucho mayores al promedio nacional![34] Las provincias con mayores índices de pobreza en la región de Cusco son a la vez las más dedicadas a la producción de papa, maíz, habas, cebada y otros tubérculos y cereales para la subsistencia.

Dados los riesgos de la actividad agrícola, muchas regiones del Cusco se han reorientado hacia la ganadería extensiva de vacunos y ovinos para venta de carne y queso, estimulados por organismos del Estado y por las organizaciones no gubernamentales (ONG). Sin embargo, esta actividad ganadera puede verse también afectada por la escasez de agua y puede causar ella misma impactos negativos sobre el agua y los suelos. El ganado sufre enfermedades broncopulmonares o muere cuando hay olas de frío y nieve, disminuyendo la rentabilidad. En el año 2004 se reportaron cerca de cien mil animales muertos, ocasionando pérdidas de cerca de cinco millones de dólares en la región. Los campesinos están también expuestos a otros riesgos del mercado

---

una aproximación", documento de trabajo, (Lima: 2008) 2, http://www.fni.pe/publicaciones/templates/siteground-j15-14/descargas-publicaciones/crecimiento-con-inclusion/2008-crecimiento-a-favor-de-los-pobres/2008-la-exclusion-e-iniciativas-de-crecimiento-con-inclusion-en-el-cusco.pdf.
34. Gobierno Regional del Cusco-PACC, "Diagnóstico situacional regional".

interno y externo, por ejemplo a la fluctuación de precios, que los obliga a vender a precio regalado algo que habían estimado se vendería en mucho más.

En general, las familias que poseen menos recursos (tierra, agua, insumos agrícolas) son las que menos posibilidades tienen de asegurar su ingreso familiar, o una alimentación de calidad, o de almacenar sus alimentos para épocas de escasez[35]. A la vez, tienen menor posibilidad de recuperarse o de resistir frente a eventos climáticos extremos.

4. Condiciones de vulnerabilidad social e institucional

Hasta hace unos treinta años, las comunidades tradicionales funcionaban como "ayllus" o familias extendidas, con autoridades comunales y algunas autoridades especializadas como el "Qollana" y el "Chanaku" para conducir labores agrícolas y asegurar buenas prácticas de cultivo. Otras actividades culturales y festividades buscaban optimizar la producción, regular el uso del agua y atenuar riesgos de fenómenos climáticos adversos[36].

Algunas de estas tradiciones de trabajo colectivo se han abandonado, reemplazándose por sistemas más individualizados. A nivel comunitario, existe

---

35. Gilberto Romero y otros, "Estudio de impactos de la variabilidad y cambio climático en los sistemas productivos rurales y en las condiciones de vida y desarrollo campesinos", informe final, Microcuenca Huacrahuacho (Cusco: PACC Perú-PREDES, 2010).
36. Pobladores de Huarcachapi, citados en ibíd.

una junta directiva y se nombran comités para encabezar ciertas gestiones comunitarias (asociaciones de pequeños productores, comités de riego, etc.). Una práctica tradicional comunitaria que aún persiste, y que brinda cierta seguridad a los campesinos, es la de llamar a sus pares culturales para que intervengan en la resolución de conflictos, o para que velen por la seguridad alimentaria de familias afectadas por amenazas climatológicas. Pero en general, el "capital social" con que cuentan actualmente las comunidades para enfrentar desafíos mayores que les afectan como colectividad —tales como el manejo de recursos hídricos, el tema de deforestación, la respuesta frente a emergencias o desastres—, se ha debilitado.

El gobierno brinda escaso apoyo al campesino quechua: en muchos casos ni siquiera ha asegurado la titularidad de sus tierras; algunos programas del gobierno (como la reforestación con eucaliptos, o la introducción de ganadería vacuna extensiva) no son los más favorables en áreas con escasez hídrica. No se cuenta con programas efectivos de asistencia técnica para mejorar o cambiar cultivos, o para impulsar prácticas tradicionales beneficiosas. También existe poca coordinación y coherencia entre los diferentes sectores del Estado peruano (ej: Medio ambiente, Agricultura, Minas, Economía y Finanzas, etc.), con lo cual a veces se promueven proyectos que se contradicen entre sí y perjudican a la población local.

Discusión

Nuestra consideración anterior de los factores de vulnerabilidad para los pobladores altoandinos nos sirve para destacar asuntos de *justicia social y ambiental* que influyen desde hace tiempo sobre estos pueblos y que los hacen aun más vulnerables frente al cambio climático. En primer lugar, históricamente estas poblaciones padecen *marginación social y geográfica* lo cual ha contribuido a que el Estado les preste poca atención y a que escasamente las incluya dentro de sus programas de desarrollo. Una respuesta del Estado para disminuir la vulnerabilidad de estos pueblos necesariamente implicaría una mayor presencia y cercanía a las poblaciones afectadas por el cambio climático.

También contribuye a la marginación de estos pueblos el que el gobierno nacional abra la puerta a iniciativas de inversión extranjera o de otras regiones más prósperas del país (tales como megaproyectos extractivos o de irrigación), dándoles a ellos mayor preferencia sobre el uso de recursos naturales como el agua, los minerales, el suelo, la biodiversidad, etc., que a los mismos pobladores. A veces ni siquiera se ha consultado a los pobladores sobre estos proyectos que les afectan. Hablando de justicia, podríamos incluso cuestionar qué tan justa es la actividad turística, de la cual se benefician principalmente los grandes grupos económicos del Cusco y las empresas extranjeras, mas no gotea mucho hacia los pobladores altoandinos.

El mercado globalizado también es excluyente con sus fluctuaciones constantes de precios que hacen que los insumos suban y los precios de los alimentos que se cultivan en esta zona bajen; con todo esto, se reduce cada vez más el pequeño margen de ganancia del agricultor. Inclusive, en los últimos años, la agricultura ha dado más pérdidas que ganancias, obligando poco a poco a la población a dejar esta actividad por otras más rentables.

Todo lo anterior nos muestra cómo, a pesar de su relativo aislamiento, estos pobladores andinos están sujetos a todo un contexto de profundos cambios sociales, económicos y culturales que, sumados al cambio climático, los están obligando a cuestionar su misma permanencia en el campo y a considerar migrar. Como dice Flores:

> [Las comunidades rurales indígenas] están atrapadas entre *"migrar" o "permanecer en el campo"*, pero con poca productividad agrícola, bajo extrema pobreza, deficiente alimentación, con difícil acceso a servicios de salud y educación,... y en un contexto de cambios climáticos y los efectos de la globalización económica[37].

Si bien este fenómeno de migración del campo hacia los centros urbanos es una dinámica que ya se viene dando en la sierra durante las últimas décadas,

---

37. Flores, "Impactos de la variabilidad" (énfasis agregado).

especialmente entre los jóvenes quienes buscan mayores oportunidades de educación y trabajo, *el cambio climático* aparece como *un factor adicional que aumenta esta migración*, al hacer menos rentables las actividades productivas del campo. Además, la migración muchas veces deja al campo sin mano de obra adecuada para implementar medidas de adaptación frente al cambio climático.

Respuestas de adaptación[38]: Algunas medidas locales para hacer frente al cambio climático

Las adversidades que los campesinos indígenas han tenido siempre que enfrentar debido al clima y a las peripecias de su historia, los ha adiestrado para estar extraordinariamente capacitados [para resistir][39].

Tradicionalmente, la cultura quechua en su práctica agrícola ha priorizado la importancia de *dispersar al máximo los riesgos,* tratando de asegurar una amplia variedad de cultivos, ubicándolos en diferentes parcelas y en distintos pisos ecológicos, de modo que

---

38. En términos climáticos, *adaptación* se define como el "ajuste de los sistemas naturales o humanos en respuesta a estímulos climáticos reales o esperados, o a sus efectos, que atenúa los efectos perjudiciales o explota las oportunidades beneficiosas", IPCC, *Cambio Climático 2007*, 103.
39. CBC-Predes, "Impactos de la variabilidad".

cuando lleguen los eventos climáticos, no perjudiquen toda la inversión.

También han desarrollado ingeniosos sistemas de conservación de suelos y riego, tales como: la construcción de *andenes,* terrazas agrícolas artificiales que aumentan la superficie cultivable en las laderas, evitando la erosión y aprovechando mejor el agua; los *canales de riego, t*écnica preinca para llevar agua de los ríos y lagunas a las chacras y andenerías, evitando el desperdicio del agua; y *la rotación de cultivos* y el *sistema de Laymes* (tierras de "barbecho"), que permiten el descanso de la tierra durante unos años para que se renueve antes de su reuso.

Para asegurar la provisión de alimentos cuando fracasan las cosechas, existe también una larga tradición de prácticas como la *deshidratación* de productos agrícolas y pecuarios, a fin de ampliar el tiempo apto para su consumo: casos del charki (carne seca) y chuño (papa seca), que pueden ser almacenados hasta por cinco años. Está también la práctica de *almacenar* nutritivos granos andinos como la kañiwa y quinua, hasta por dos años.

Sin embargo, debemos notar que bajo las condiciones económicas prevalentes, en la actualidad estas estrategias mencionadas se están debilitando. Hay una tendencia a reducir la variedad de los cultivos, prefiriéndose los monocultivos, por ejemplo de papa comercial, sobre las numerosas variedades de papa que hasta hace poco se cultivaban. Al haber menos variedad, hay más susceptibilidad a daños por variaciones en el clima. También se prefiere sembrar alimentos que se puedan vender sobre productos para el autoconsumo, con lo cual se está reduciendo significativamente la práctica del almacenamiento. En cuanto a los sistemas de conservación de suelos y riego mencionados, estos requieren mano de obra intensiva, lo cual se dificulta en un contexto de migración del campo hacia la ciudad, o migración hacia otras actividades.

Actualmente los campesinos recurren cada vez más a la venta por dinero de su mano de obra para labores del campo, construcción, mantenimiento de vías, etc., y a la venta de productos ganaderos, lecheros o derivados, para reforzar su seguridad alimentaria o suplir las necesidades de la educación de sus hijos.

¿Y qué medidas de adaptación al cambio climático se están promoviendo en la actualidad? En los últimos tres años se han venido desarrollando valiosas investigaciones sobre el cambio climático en el Cusco[40], dentro del Programa de Adaptación al Cambio Climático (PACC)[41]. El objetivo último de estos estudios es contribuir a fortalecer las capacidades de las poblaciones rurales y de las instituciones, proveyendo *experiencias de adaptación que puedan replicarse* para enfrentar los efectos del cambio climático y reducir la vulnerabilidad de estas poblaciones. A la vez, el PACC

---

40. Los estudios también abarcan la región de Apurímac.
41. Este programa de instituciones nacionales y regionales, con asesoría suiza, ha trabajado multidisciplinariamente para entender mejor los impactos actuales y futuros del cambio climático sobre las poblaciones rurales del Cusco y para plantear estrategias y programas de adaptación ante el cambio climático adecuados a la región.

busca incorporar estos temas en las políticas públicas regionales y nacionales y en las negociaciones internacionales sobre cambio climático[42].

En el Cusco, el programa PACC Perú ha colaborado de cerca con los distintos sectores del gobierno regional y con las instituciones locales, logrando una amplia participación de las comunidades locales, para proponer una Estrategia Regional de Cambio Climático para el Cusco, una de las primeras en el país. En la parte final de este capítulo, sobre propuestas de acción frente al cambio climático, se recogen algunas de las principales recomendaciones de esta Estrategia Regional.

Características de la iglesia local en la zona altoandina del Cusco

La iglesia evangélica tiene una presencia considerable en muchas de las comunidades rurales del Cusco. Hace más de cien años, las misiones de fe provenientes de Inglaterra, Escocia e Irlanda del Norte (Regions Beyond Missionary Union y Evangelical Union of South America) contribuyeron a fundar la denominación Iglesia Evangélica Peruana (IEP), actualmente la más numerosa en el Cusco, con más de seiscientas iglesias esparcidas por su territorio altoandino y selvático. También otras misiones, suizas y norteamericanas, han ejercido su influencia en la región, estableciendo iglesias de la denominación Maranata,

---

42. PACC, http://www.noticias.paccperu.org.pe.

y más recientemente, iglesias pentecostales, de Asambleas de Dios, presbiterianas y menonitas, entre otras.

La mayoría de las iglesias rurales tienen un promedio de quince a treinta miembros bautizados. Los cultos se desarrollan principalmente en idioma quechua, usando un himnario quechua y melodía pentatónica. En el caso de la denominación más numerosa, IEP, las iglesias son lideradas por un "consistorio" o grupo de ancianos líderes, y normalmente no cuentan con un pastor. Este modelo de liderazgo laico promovido por la mayoría de las iglesias ha contribuido a su rápido crecimiento numérico. Sin embargo, actualmente muchas iglesias están debilitadas, con números decrecientes de fieles, lo cual ha llevado a algunas a cerrar sus puertas. Las causas de esta crisis son complejas pero incluyen:

- La falta de líderes con vocación, tiempo o formación suficiente para edificar a la iglesias
- La falta de prácticas de discipulado y un alto nivel de nominalismo
- La migración, especialmente de los jóvenes, hacia los centros urbanos.

La herencia teológica de las iglesias es fuertemente premilenialista, con un gran énfasis en enseñanzas escatológicas que encuentran eco en las creencias apocalípticas quechuas. Históricamente, las iglesias han centrado su actividad en la evangelización y la realización del culto, sin desarrollar una misión más integral que se interese por la comunidad y que enfatice el señorío de Cristo en todas las áreas de la vida. Esta característica ha dado lugar a una tendencia al dualismo en la vida de los creyentes que debilita su testimonio en la comunidad[43].

Sin embargo, existen comunidades e incluso provincias, como Layo, donde la confesión de fe predominante es evangélica y donde se ha visto recientemente una creciente participación evangélica en espacios políticos locales. También hay testimonios positivos de la presencia evangélica en comunidades rurales, incluyendo el de una de las investigadoras del programa PACC: "Nos quedamos sorprendidos del compromiso y organización en comunidades donde había mayor presencia evangélica, en comparación con otras comunidades..., [lo que les permitía] por ejemplo, unirse para reforestar un área de un cerro"[44]. En este sentido, la iglesia evangélica tiene el potencial de influir en una mayor organización comunitaria para realizar acciones de recuperación ambiental que la beneficien a ella misma y a la vez den un buen testimonio de una iglesia preocupada por la creación y por otros de su comunidad.

Pero también los mismos investigadores manifiestan que en comunidades donde hay presencia católica y evangélica, hay grandes divisiones y rivalidades por parte de ambos "bandos": los unos culpan a los otros por las desgracias de la naturaleza y los cambios climáticos.

---

43. Ian Horne, conversación de la autora con el misionero Ian Horne, Cusco, octubre 2011.
44. Kancha, "Entrevista".

Los unos indican que "es por culpa de los pecados de los católicos", y los otros atribuyen a los evangélicos la responsabilidad de las desgracias acaecidas debido a que han abandonado las tradiciones de hacer "pagos a la tierra". Entonces, antes de ser presencia reconciliadora o de unidad en las comunidades, la iglesia evangélica a veces margina y rechaza al que no es de su grupo, redundando en tensiones y conflictos y en su no participación en ciertas formas culturales de cooperación.

> A mí me preocupa mucho el mensaje que da la Iglesia evangélica... es muy fuerte respecto al castigo: dejan de hacer muchas cosas para evitar el castigo... pero algunas son cosas buenas que les van a ayudar, por ejemplo el hacer "ayni" o trabajo colectivo con otros... No lo hacen porque el otro "es del mundo", y si están mucho con ellos, o si se apoyan en esas familias, se pueden "contagiar"[45].

Encontramos, en síntesis, una iglesia evangélica con gran presencia numérica pero institucionalmente en crisis; con una enseñanza que pretende tener toda la verdad (sobre la historia humana, el fin del mundo, etc.), pero que muchas veces es bíblica y teológicamente reducida; una iglesia con testimonio de cumplimiento, pero que se relaciona difícilmente con otros grupos que piensan diferente.

---

45. Ibíd.

¿Cómo percibe el campesino quechua y de las iglesias, las causas de lo que está pasando con el clima?

Si bien las percepciones de la población sobre los efectos del cambio climático respaldan la información científica, ¡sus explicaciones sobre las causas de estos cambios pueden distar bastante de las científicas! Entrevistas personales a pobladores altoandinos[46] nos permiten ver que hay diferentes posturas frente al por qué de los fenómenos de cambio climático.

Algunas personas, particularmente quienes sufren menos la escasez del agua o del acceso a buenas tierras, *parecen no preocuparse mucho* por el tema. También al preguntarles a los líderes evangélicos de áreas rurales si alguna vez se había discutido el tema del cambio de clima en su iglesia, un 100% de ellos respondió que no, "nunca lo hablamos en la iglesia". Pareciera que a pesar de que sí abordan el tema en las asambleas comunitarias, y de que es un tema de importancia para ellos en sus vidas diarias, "no está incluido como tema prioritario en la agenda" de la iglesia.

Para personas que viven en zonas donde se sienten con mayor peso las afectaciones del clima, observamos que el tema sí es más prioritario. Entre estos pobladores, se dan *tres posibilidades principales de interpretación local sobre el significado del cambio climático* (con frecuencia se escuchan posiciones combinadas):

---

46. Entrevistas personales de la autora a líderes de iglesias rurales evangélicas del Cusco, todos ellos agricultores y ganaderos de zonas altoandinas, 2011, complementadas con entrevistas a pobladores, realizadas por investigadores del PACC (Flores, "Impactos de la variabilidad").

1. Los cambios climáticos se interpretan como una "retribución de la naturaleza" *por nuestro maltrato hacia ella, o por el incumplimiento de los "pagos" que debemos ofrecer "a la tierra" para estimular su bienestar y productividad.* (La "madre tierra" estaría esperando ritos y ofrecimientos para apaciguar su desagrado y para estimular su óptimo funcionamiento.)
2. Existe la interpretación, predominantemente evangélica, de los eventos climáticos como un *"castigo o juicio de Dios por nuestro pecado o desobediencia moral"* —un acto *preanunciado* desde tiempos remotos que hay que aceptar o padecer resignadamente como señal de la llegada del fin del mundo y del Mesías.

    > Así dice el Señor Jesús: "Como en el tiempo de Noé... ahora mi ira no será con agua sino con el fuego del sol"... ahora ya vemos que el agua se está secando... poco a poco... El sol calienta cada vez más fuerte... la lluvia está diferente,... se dice que el granizo quemará a la gente... todo eso ya está escrito...[47]

3. Los pobladores rurales más ampliamente conectados, especialmente personas jóvenes que tienen contacto con las ciudades, con ONGs o con medios de comunicación, tienden a repetir el discurso científico escuchado, de un "cambio climático global" y de que "quienes contaminan más

---

47. Citado en Flores, "Impactos de la variabilidad".

son los países industrializados. Nosotros contaminamos menos pero somos los que sufrimos las consecuencias"[48].

Refiriéndonos a la segunda interpretación, vemos que para la población evangélica de la región, la variabilidad climática actual no tiene nada de sorprendente. Es algo esperado, casi anhelado, anunciado desde tiempo atrás; una fase de la historia que anuncia la segunda venida del Mesías quien les traerá salvación. Cuanto más se altere el clima y se empeoren las condiciones, más se está cumpliendo este mensaje preanunciado de un "final apocalíptico".

En las condiciones de gran incertidumbre, sufrimiento y desesperanza en que viven los pobladores altoandinos, el mensaje de las iglesias evangélicas provee cierto sentido de "certidumbre y esperanza", de un ajusticiamiento final y un escape hacia la vida eterna. Pero... también la consecuencia de este mensaje escatológico es un fatalismo: ¿Para qué involucrarnos, si todo se va a acabar?

En síntesis, las respuestas de los líderes evangélicos entrevistados, provenientes de diferentes regiones altoandinas del Cusco, evidencian que en el creyente a nivel local, habría una necesidad de enriquecer su visión de temas bíblicos como su responsabilidad cristiana (mayordomía de la creación), su percepción de Dios (no solo como salvador, sino

---

48. Citado en Kancha, "Entrevista".

como sustentador y restaurador de toda la creación) y una escatología del reino que genere esperanza y que anime su involucramiento en asuntos de cuidado de la creación.

Propuestas de acción frente al cambio climático en el Cusco

¡Como sea tenemos que adaptarnos! A veces decimos que es un castigo de Dios, ¿que cosa hemos hecho? A veces decimos que nos vamos a otro sitio... pero también no se puede ir, pues...¿a dónde más podemos ir?[49]

Las palabras de este campesino nos recuerdan en primer lugar que hoy en día, la adaptación, para los pueblos altoandinos en el Cusco "no es algo opcional: es una necesidad urgente". El cambio climático es una amenaza que ya afecta profundamente el bienestar de estas personas y frente a lo cual es necesario responder.

1. Familias y comunidades como protagonistas

El primer y más importante nivel de respuesta frente a las consecuencias locales del cambio climático involucra a las mismas familias y comunidades quechuas. Son ellas las protagonistas de las acciones de adaptación frente al cambio climático. Por ende,

---

49. Juan Condori, Comunidad Chuquira, citado en PACC, *La vida ya no es como antes*.

cualquier estrategia de adaptación tiene que apuntar a ayudar a las familias a disminuir su vulnerabilidad y a implementar acciones prácticas de adaptación que valoren su conocimiento ancestral y a la vez tengan en cuenta los conocimientos científicos y el contexto (social, económico, etc.) en que están inmersas las comunidades. Algunas medidas clave serían:

- Fortalecer su capacidad para diversificar la producción y revalorar los cultivos nativos más resistentes a climas extremos, para mejorar su seguridad alimentaria.
- Fortalecer la protección de fuentes de agua, el almacenamiento de agua lluvia, la instalación de sistemas de riego eficientes y la distribución equitativa y racional del agua para los distintos usos locales.
- Reducir la vulnerabilidad de sus asentamientos humanos, mediante la ubicación segura de las viviendas y promoción de diseños constructivos adecuados.
- Reforestación de zonas altoandinas con especies nativas, para favorecer la generación de microclimas que atenúen la agresividad de las heladas.
- Capacitación y fortalecimiento de la organización de las comunidades para enfrentar el cambio climático.

Sería importante lograr una amplia participación de las familias en las fases de investigación y planificación para asegurar que las medidas que se implementen sean contextualizadas y no parezcan una imposición sobre las comunidades locales.

Las iglesias evangélicas locales podrían contribuir ofreciendo sus templos como espacios para reuniones sobre estos temas de importancia para la comunidad. También la iglesia o ciertas familias podrían ofrecerse como dinamizadores de actividades que requieren organización comunitaria, tales como proyectos de reforestación o protección de fuentes de agua, o sistemas de alerta temprana para la prevención y atención de desastres. Igualmente podrían ofrecer *solidaridad* a sus vecinos *en momentos de desastre* o necesidad, compartiendo con ellos. Todas estas serían formas claras de expresar el mensaje de amor cristiano.

2. El gobierno local y regional

Un gran desafío para desarrollar acciones locales frente al cambio climático es la débil presencia y capacidad de los gobiernos municipales en las comunidades rurales afectadas. Las actividades de estos se centran principalmente en obras de infraestructura y no tanto en aspectos productivos, sociales o ecológicos. Por ende, un desafío inmenso es capacitar y brindar apoyo a los gobiernos locales para aumentar sus capacidades y a la vez promover alianzas con organizaciones especializadas que puedan apoyar.

Frente a la complejidad de los efectos del cambio climático en cada sitio, es clave que cada gobierno local o regional busque alianzas estratégicas con los sectores privados y de la sociedad civil para investigar, planificar e implementar acciones conjuntas. Es importante por ejemplo, involucrar a universidades en la investigación de temas especializados como el impacto sobre la biodiversidad, la salud, los sistemas productivos, etc. Al enfrentar un fenómeno complejo, el enfoque necesariamente deberá ser sistémico e interdisciplinario.

Otro rol clave del gobierno regional para enfrentar el cambio climático es el ordenamiento territorial, especialmente de cuencas, y la zonificación ecológica y económica de sus territorios, a fin de enfocar mejor las intervenciones. La Estrategia Regional de Cambio Climático del Cusco destaca también el rol clave del gobierno regional en potenciar el recurso hídrico en la región, promoviendo por ejemplo programas de protección y promoción del uso racional y/o tecnificado del agua.

3. Comunicación y formación

Existe una enorme tarea de comunicación y formación respecto a temas de vulnerabilidad, adaptación y gestión de riesgos que debe apuntar hacia difundir estas temáticas tanto en los medios de comunicación como dentro del sistema educativo en todos sus niveles, no solo en castellano sino también en el idioma quechua. Actualmente, estos temas están prácticamente ausentes del currículo escolar en estas regiones altoandinas, y corresponde al gobierno (nacional, regional, local) fortalecerlos en escuelas, colegios, y también mediante programas específicos que informen sobre estas problemáticas y contribuyan a la reflexión sobre soluciones a nivel local. El papel de los medios de comunicación también es clave en la difusión de estos temas.

La iglesia puede también aportar a esta tarea. A nivel local, las iglesias podrían ofrecerse como espacios de capacitación sobre actividades de adaptación y de seguridad alimentaria que se han ido perdiendo; y sobre temas de reducción de riesgos y protección de los recursos naturales. Algunas iglesias cuentan con emisoras locales de radio que podrían prestarse para difundir estos mensajes.

Una vez informada, la iglesia tiene una función clave de educar también a sus miembros, dando mensajes sobre nuestro rol como mayordomos responsables, nuestra responsabilidad por problemas como el cambio climático que causan el sufrimiento de otros y nuestra necesidad de actuar en forma compasiva para aliviar estas problemáticas (ser parte de la solución).

Como dice Kancha:

> Creo que para muchos creyentes... lo que ellos escuchan de la iglesia... ¡eso es ley! Y si la iglesia se mantiene informada de lo que está pasando y de lo que se puede hacer, (y lo difunde), ¡creo que podrían aportar mucho[50]!

---

50. Kancha, "Entrevista".

4. Justicia social y ambiental

Es importante que las medidas de adaptación sean acompañadas de medidas de justicia social y ambiental. El gobierno nacional tiene un papel clave en asegurar la justicia para poblaciones rurales, particularmente en el caso de inversiones extranjeras como la minería cuya presencia puede aumentar la vulnerabilidad de las poblaciones locales. ¿Cómo es posible que se les exija a las comunidades "que se adapten al cambio climático" y hagan una serie de ajustes en su producción, sistemas de riego, etc., pero que a la vez, se les permita a otros megaproyectos extractivos mineros, hidroeléctricos o proyectos de irrigación extensiva aledaños, ubicarse libremente y usar en forma ilimitada y no cuestionada los recursos hídricos y de suelo locales? El nuevo gobierno de Ollanta Humala ha mostrado señas positivas al aprobar en los primeros días de su gestión la Ley de Consulta Previa, que obliga a que los proyectos que afecten territorios de pueblos originarios o indígenas del país sean primero consultados con estos. Pero aún no se sabe cómo esta medida se implementará junto a una política económica agresiva de promoción de inversión extranjera.

También el gobierno tiene la responsabilidad de desarrollar un marco reglamentario e institucional que favorezca una respuesta efectiva e integrada, frente a los desafíos del cambio climático. En efecto, el nuevo gobierno se ha comprometido a incluir los enfoques de cambio climático y desarrollo sostenible en todas sus políticas de desarrollo, aunque sabemos que el Estado presenta aún gran debilidad para enfrentar el cambio climático y para concretar estas decisiones a nivel local.

Es posible recurrir a algunos fondos internacionales para financiar el costo de algunos programas de adaptación[51], pero también es importante resaltar la posibilidad de asignar fondos regionales con este fin. En el sector turístico que genera en el departamento del Cusco al menos un millón de dólares cada día[52], habría la posibilidad, por ejemplo, de vincular el "turismo vivencial" con iniciativas locales de adaptación al cambio climático. También parte de las enormes regalías que generan las industrias extractivas podrían orientarse hacia acciones de adaptación, pero de nuevo aquí encontramos el gran desafío de la ausencia de capacidad local para implementar adecuadamente proyectos como estos.

5. Compromiso global

La tarea de responder frente a los efectos locales del cambio climático es un tema grande y complejo que requiere de la colaboración integrada de muchos actores en todos los niveles, incluyendo gobierno, instituciones, comunidades y familias. Pero la realidad es

---

51. Aunque el Fondo para la Adaptación es pequeño en comparación con la enorme necesidad.
52. Peru21.pe, "Cusco pierde US$1 millón al día por falta de turistas", 2 febrero 2010, http://peru21.pe/noticia/408985/cusco-pierde-us1-millon-al-dia-falta-turistas.

que esta tarea inmensa de adaptación está recayendo especialmente sobre las comunidades más afectadas, poblaciones en situación de pobreza y marginación quienes tienen menos elementos para adaptarse al fenómeno. ¿Cómo es posible que ellas solas asuman este reto y que los países y personas mayormente responsables del problema no hagan nada al respecto?

Hay pues un rol importante para la comunidad global frente a los desafíos del cambio climático en las zonas altoandinas del Cusco: también a nosotros nos corresponde apoyar a estas comunidades en su adaptación (proveyendo recursos, apoyo técnico, acompañamiento, etc.) e igualmente vivir vidas y desarrollar políticas que realmente sean solidarias y tomen en serio la reducción de nuestras emisiones de gases que contribuyen al calentamiento.

A la comunidad global, incluyendo a la iglesia, nos corresponde:

- Examinar nuestro estilo de vida personal, familiar, laboral, etc., procurando reducir al máximo nuestro aporte al calentamiento global (nuestras emisiones o "huella de carbono").
- Mostrar interés e informarnos más sobre los efectos del cambio climático.
- Ser solidarios: buscar nuevas formas de solidaridad y cooperación real con los más afectados (contribuir a proyectos locales de adaptación, etc.).
- Contribuir a proyectos de reforestación, protección de bosques y áreas de conservación, u otros,

para mitigar los impactos de nuestras emisiones de carbono.
- Apoyar iniciativas, programas y políticas que busquen reducir el consumismo y desacelerar el impulso desarrollista actual.
- Promover espacios para escuchar las voces de las poblaciones más afectadas por el cambio climático para que sean tomadas en cuenta en las discusiones y decisiones sobre esta problemática.

Un relato bíblico nos orienta en el reto del compromiso solidario: "¿Y quién es mi prójimo?", le preguntó el experto en la ley a Jesús. Jesús respondió: "Bajaba un hombre de Jerusalén a Jericó, y cayó en manos de unos ladrones. Le quitaron la ropa, lo golpearon y se fueron, dejándolo medio muerto". Un sacerdote, y luego un levita, al verlo, se desviaron y siguieron de largo. "Pero un samaritano... viéndolo, se compadeció de él. Se acercó, le curó las heridas... Luego... lo llevó a un alojamiento y lo cuidó" (Lc 10:29–34).

Una característica de los problemas ambientales globales actuales es que los causantes del problema pueden estar bien alejados de las personas a quienes más afectan, lo cual les impide ver a su "prójimo" herido. Los responsables del cambio climático, tú y yo, personas hasta bien intencionadas, estamos desde la distancia y a veces sin saberlo —mediante nuestro estilo de vida derrochador y consumista—, golpeando al herido y dejándolo medio muerto.

Esta parábola tan conocida nos invita a reconocer al campesino cusqueño altoandino como nuestro prójimo, que sufre las consecuencias más graves del cambio climático, que se ve indefenso frente a ellas y que requiere de nuestra atención. Las poblaciones del Cusco nos están diciendo en forma silenciosa y sufrida que estamos todos yendo por un mal camino de abuso de la creación, que se nos dio inicialmente para "cultivarla" y "cuidarla", y no para abusar de ella. En particular como iglesia, tenemos una gran responsabilidad pero también una inmensa riqueza a partir de nuestra fe cristiana, de ser parte de la solución de este problema que nos enfrenta a todos.

Que en medio de un clima y contexto cambiante, la promesa de Génesis 8:22: "Mientras la tierra exista, habrá siembra y cosecha, frío y calor, verano e invierno, y días y noches", nos anime, inspire, y nos dé esperanza en nuestro trabajo por la recuperación de la Tierra.

La deforestación del Chaco Salteño:
¿Crónica de un genocidio anunciado?[1]

Andrés P. Leake
Viviana Sandra Andrade

Introducción

Amancio, un indígena wichí de veinticuatro años, vive con su pequeña comunidad en los extensos bosques tropicales semiáridos que cubren la región ecológica (ecorregión) del Gran Chaco sudamericano. Su comunidad, llamada Corralito, se ubica en la provincia de Salta, en el norte de Argentina, una zona conocida como el Chaco Salteño. Como cazadores-recolectores, la familia de Amancio siempre obtuvo sus alimentos a través de la cosecha de recursos silvestres: animales, peces, vegetales y miel silvestre. Se dedicaba, además,

---

[1]. Agradecimientos por asistencia con el manuscrito: Raúl García Toribio, Marcelo Andrés Pérez, María Mercedes Crawley, Margarita Elena Padilla, John Hillary Palmer, Susan Rodríguez, Cristóbal Wallis y Eduardo Crawley.

a cultivos de subsistencia en la época de lluvias y a la cría de gallinas y cabras. Se generaba un pequeño ingreso monetario a través de la venta de los productos, incluso artesanías, y la realización de changas (trabajos ocasionales) en los pueblos y fincas vecinas (nombre local dado a establecimientos agroganaderos). A lo largo de las generaciones, la combinación de esas distintas actividades les ha permitido a los wichí satisfacer sus necesidades básicas a través de una estrategia de subsistencia adaptada a las variaciones del clima chaqueño y a la disponibilidad fluctuante de los recursos naturales, tanto en el tiempo como en el espacio. La base de esa estrategia siempre ha sido el bosque, localmente denominado "monte".

El monte para los wichí representa más que una fuente de alimentos y de materiales. Su valor no es meramente económico, sino que define la cultura indígena en todos sus aspectos, incluyendo la cosmología y los sistemas políticos, jurídicos, educativos y de salud[2].

De niño, Amancio jamás hubiese imaginado que el bosque en el cual vivía iba a desaparecer. Sin embargo, durante el transcurso de unos pocos años, él mismo fue testigo de un proceso de deforestación que llegó a destruir el bosque nativo de su mundo, desarticulando por completo la forma de vida de su comunidad. La deforestación fue el resultado de la rápida expansión

---

2. John H. Palmer, *La buena voluntad wichí: Una espiritualidad indígena* (Las Lomitas [Formosa]: Grupo de Trabajo Ruta 81, 2005), 42–53.

de la frontera agroindustrial en el norte argentino, fomentada por el incremento en la demanda mundial por los productos derivados de la soja[3].

Los párrafos que siguen son extractos de una entrevista en la que Amancio nos da una idea de la percepción indígena de la deforestación y la expansión del cultivo de la soja en el Chaco Salteño:

> Me gusta vivir en el monte porque yo nací allí, pero cada vez es más difícil y no me acostumbro en otro lugar. Yo nací en un lugar que ahora se encuentra en medio del campo. Luego el finquero [dueño de la propiedad] nos había trasladado más al centro de la finca y allí vivimos por seis años. Luego el patrón nos mandó a vivir al sur, en una cortina [franja de vegetación que cumple la función de un rompevientos entre sectores deforestados].
>
> Cuando cumplí doce años de edad, ya podía salir solo. Entonces fui a buscar el lugar donde nací, pero no lo pude encontrar ni reconocer, porque ya era todo un desierto. Luego fui al lugar donde nos habíamos trasladado, pero aquí tampoco había monte. Volví a mi casa en la cortina al sur

---

3. Para un resumen del proceso de la "sojización" del norte argentino, ver H. Ricardo Grau, N. Ignacio Gasparri y T. Mitchel Aide, "Agriculture Expansion and Deforestation in Seasonally Dry Forests of Northwest Argentina", *Environmental Conservation*, 32 (2005): 140–48, http://tcel.uprrp.edu/Publications_files/Grau,%20Gasparri,%20Aide%202005.pdf; Jorge H. Morello y Andrea F. Rodríguez, eds., *El Chaco sin bosques: La Pampa o el desierto del futuro* (Buenos Aires: Orientación Gráfica Editora, 2009), caps 3 y 4, http://www.unesco.org.uy/mab/fileadmin/ciencias%20naturales/mab/ElChaco.pdf.

de la finca, y allí me di cuenta de que ya no había más monte y que los lugares donde recorríamos para buscar alimentos ya no existían más. El único lugar que quedaba era Corralito[4].

Para nosotros [los indígenas wichí] que vivimos en el monte es muy duro ver los desmontes [término local usado para describir el proceso de deforestación] que se hacen cada día, porque están matando nuestro hogar. Por esa razón, hoy en día el calor se siente más fuerte porque ya no hay sombra. Todo es campo y el viento corre con todo el calor de la tierra caliente. Cuando hace frío no sufrimos tanto como en los días que hace calor. Aun en las épocas cuando hace calor, por las noches hace mucho frío. Todo esto [el clima] ha cambiado mucho debido a los desmontes.

Los lugares que han quedado sin desmontar, como ser Corralito, es porque son arroyos, lagunas o bañados [no aptos para cultivos]. Cuando llueve nosotros no podemos salir porque ahora hay mucha agua en todas partes del monte que queda.

Cuando ya no había más monte algunos de mis parientes decidieron irse al pueblo. Los jóvenes trabajaban en lo que encontraban,

---

4. Sin embargo los desmontes arrasaron con el cementerio de Corralito. Ver Norma Naharro y Ana L. Álvarez, "Estudio de caso: Acaparamiento de tierras y producción de soja en territorio wichí, Salta – Argentina" (Alemania/Argentina: Brot für die Welt/ASOCIANA, 2011), 27, http://www.brot-fuer-die-welt.de/downloads/niemand-isst-fuer-sich-allein/estudio.pdf.

algunos en aserraderos, como tractoristas y otros trabajos pesados. Pero cuando ellos tienen tiempo, vienen a visitar a la gente que ha quedado en el monte. A pesar de que ellos se fueron de la comunidad no quiere decir que se hayan olvidado. Solo se fueron por el hecho de que necesitan poder trabajar para poder sustentar a sus familias.

La vida en la comunidad es muy distinta a la de un pueblo. En la comunidad es más tranquilo y silencioso. Si necesitas comer podés ir a cazar en el monte o recolectar frutas. En cambio para vivir en el pueblo se necesita tener dinero, cosa que no lo tenemos todos los días. Los hombres que fueron al pueblo hoy en día ya no tienen esperanza porque ya no consiguen ni trabajo, por eso que algunos decidieron volver al lugar donde nacieron.

Hoy en día crece la problemática de vivir en el monte, porque la parcela que queda es muy chiquita. Los animales se refugian allí pero son muchas las personas quienes van a cazar... La miel ya no es pura, porque las abejas consiguen las flores [el néctar] en los campos donde todo ha sido fumigado por insecticida u otro químico.

Además de los calores que se sienten después de los desmontes, el aire también está contaminado por las fumigaciones. El agua que se junta en las lagunas y los arroyos también está contaminada por los agroquímicos que la lluvia trae de los campos cultivados[5].

Nosotros sabemos muy bien todas estas cosas porque vivimos allí. Pero no podemos hacer nada, porque la gente que viene a desmontar son de mucha plata y tienen el permiso del gobierno. La única solución es que nos unamos y a defender lo poco que queda, el pedacito del monte que aún podemos vivir y a sacar lo poco que encontramos ahí[6].

Los "tragamontes"

La mecanización hace posible deforestar en cuestión de días grandes extensiones de bosque milenario. Topadoras, guiadas por sistemas de navegación satelital, abren una cuadrícula de picadas a través del bosque. Luego, trabajando en pares unidos por una larga cadena maciza, las máquinas ingresan por picadas paralelas, volteando con la cadena el bosque intermedio. No hay árbol que resista; el ruido generado por los troncos y palos que se quiebran en medio de la polvareda levantada por las raíces brutalmente arrancadas de la tierra, ensordece a los habitantes mientras que, de lo alto de las ramas, la vida cae. Los animales

---

5. Para una descripción más detallada de este fenómeno ver Naharro y Álvarez, "Estudio de caso", 22.
6. Agradecemos a Raúl García Toribio, estudiante wichí de la carrera universitaria de Comunicación Social, quien realizó la entrevista con Amancio.

que pueden huyen por doquier, buscando refugio. Los que no, son aplastados por lo que se les viene encima: árboles, ramas, la cadena demoledora y las orugas de las gigantescas topadoras.

Los troncos y ramas que han sido volteados luego son acordonados e incendiados. El escenario resultante es dantesco. El paisaje se transforma rápidamente de bosque vibrante en desierto inerte cicatrizado por largas líneas de cenizas, más uno que otro tronco carbonizado. Al no haber vegetación, el sol recalienta la tierra y el viento levanta grandes nubes y remolinos de polvo. Las raíces que quedan en la tierra son extraídas a mano, amontonadas y quemadas. Finalmente las topadoras regresan para nivelar la tierra y entremezclar las cenizas con el suelo. En pocos días el paisaje previamente dominado por bosque se convierte en vastos campos pelados, listos para la siembra de monocultivos.

Los wichí describen el avance de la deforestación masiva como el "efecto langosta", haciendo referencia a la eliminación de la cobertura forestal por las máquinas topadoras "tragamontes"[7]. En ámbitos académicos, el mismo proceso ha sido denominado la "pampeanización" del Chaco: es decir, "la imposición del modelo industrial agrícola pampeano en la ecorregión", lo cual "convierte ecosistemas cuyos servicios ambientales y riqueza de bienes potenciales se conocen precariamente, inaugura interacciones entre

---

7. Agradecemos a John Palmer, antropólogo, por compartir esta observación con los autores.

el parche cultivado y la matriz de bosques que se ignoran y exacerba conflictos sociales de desarrollo difícilmente predecibles"[8].

El fenómeno que acabamos de relatar está ocurriendo día y noche a lo largo y ancho del Chaco argentino, como también en Bolivia y Paraguay. Es un suceso que hace pocos años era impensable y que hoy parece ser imparable. En 2007 la tasa de deforestación en Argentina —que mide el porcentaje de pérdida anual respecto de la superficie remanente— resultó ser seis veces más alto que el promedio mundial[9]. Los intereses económicos y corporativos que promueven la agroindustria son poderosos.

El Chaco Salteño donde vive Amancio ha sido y sigue siendo una de las regiones más afectadas por la expansión de la agroindustria en Argentina[10]. Entre 2004 y 2007 el gobierno de Salta autorizó la deforestación de más de 800,000 hectáreas distribuidas en diferentes partes de la provincia. Una de las zonas más afectadas fue el Departamento San Martín, donde está la comunidad de Corralito. En 1986 había 100,000 has. desmontadas. A fines de 1996 subió a 157,000 has., y 10 años más tarde (2006) a 300,000

---

8. Walter A. Pengue, "El desarrollo rural sostenible y los procesos de agriculturiación, ganaderización y pampeanización en la llanura Chaco-Pampeana", en Morello y Rodríguez, *El Chaco sin bosques*, 120.
9. Sibila Camps, "En cuatro años, el desmonte de bosques creció casi el 42%", *El Clarín*, 25 junio 2007, http://edant.clarin.com/diario/2007/06/25/sociedad/s-04601.htm.
10. Lucas Seghezzo y otros, "Native Forests and Agriculture in Salta (Argentina): Conflicting Visions of Development", *The Journal of Environment & Development* 20, no. 3, (2011): 252.

has. Para 2008 el vertiginoso proceso de desmonte había devastado 400,000 has.[11].

Desarticulación de la economía indígena

El proceso de deforestación en el Chaco Salteño es reciente, no obstante ya se observan cambios notables en los patrones de subsistencia de las comunidades indígenas. Al realizar un ejercicio comparativo entre la situación actual de las comunidades indígenas que aún tienen acceso a bosques y otras que lastimosamente ya no lo tienen, se observa que en poblaciones ubicadas en zonas deforestadas hay una disminución en el porcentaje de hogares que recolectan frutos, cazan y cosechan miel silvestre, lo cual es un efecto de lógica aritmética; lo preocupante es que dicha pérdida no ha sido compensada con la adopción de actividades alternativas, bien sea por el desconocimiento de otras técnicas, artes o disciplinas o por una mera imposibilidad endémica de las comunidades para adaptarse a los nuevos medios y entornos, lo cual vaticina un futuro incierto para estos grupos poblacionales[12].

En respuesta a esta situación, los proponentes del desarrollo agroindustrial, tanto del estado como del sector privado, arguyen que este genera empleo y

---

11. Andrés Leake, *Los pueblos indígenas cazadores-recolectores del Chaco Salteño: Población, economía y tierras* (Salta: ASOCIANA, INAI, UNSa, 2008), 21; para una descripción gráfica de los avances de la deforestación en la zona ver Naharro y Álvarez, "Estudio de caso", 7.
12. Leake, *Los pueblos indígenas cazadores-recolectores*, 76–78.

bienestar. En realidad, tales emprendimientos generan trabajos temporales en las fases de desmonte y construcción de alambrados, pero crean muy pocos empleos permanentes. Por ejemplo, la industria sojera genera un solo puesto permanente por cada 500 hectáreas de cultivo[13], y la mayoría de aquellos puestos requieren capacitación técnica. Como tales, son inaccesibles para la mayoría de la población indígena, para quienes la capacitación técnica ni siquiera se presenta como opción. Como mucho, algunos indígenas, generalmente no lugareños, son trasladados a las zonas deforestadas para trabajar como jornaleros. Su mano de obra se aprovecha para las labores más rudas como la extracción y quema de raíces, labores para las cuales no se prestan obreros no indígenas. Además, como advierte Jonatán, padre de familia wichí que vive en Ballivián, una comunidad ya rodeada de desmontes: "[Los indígenas] ya no sirven para algunas cosas porque ellos [los finqueros] ahora tienen máquinas"[14].

La tasa de hogares indígenas que habitan el Chaco Salteño y que a su vez cuentan con por lo menos un integrante familiar que tiene un empleo fijo es solo del 6%[15]. Esta proporción se mantiene tanto

---

13. Chris van Dam, "Ocupación, degradación ambiental, cambio tecnológico y desarrollo sostenible: Los efectos de la introducción del paquete soja/siembra directa en el Chaco Salteño", Tesis de Maestría en Gestión Ambiental y Desarrollo, Centro Bartolomé de Las Casas, Colegio Andino - Escuela Andina de Postgrado (Salta: Facultad Latinoamericana de Ciencias Sociales [FLACSO], 2002), 88–89.
14. Entrevista con Jonatán realizada por Raúl Toribio, abril 2011.
15. Leake, *Los pueblos indígenas cazadores-recolectores*, 73.

para zonas con y sin agroindustria, lo cual enfatiza que estos emprendimientos no tienen impacto en lo que se refiere a la generación de empleo permanente entre indígenas. Un estudio reciente de la situación de Corralito y otras dos comunidades vecinas, San José y Cuchuy, revela que en ellas "no existe una sola persona empleada en forma permanente en las empresas agrícolas que se establecieron en su territorio"[16]. En palabras de las comunidades indígenas:

> Para nosotros, el asunto del trabajo que se consigue con las empresas es un cuento de hadas. Ya tenemos mucho conocimiento de la misma historia, [...] lo que la agroindustria nos convida es falta de trabajo o generación de alternativas productivas que [nos] permitan contar con recursos mínimos para la subsistencia[17].

Las pocas alternativas económicas que tienen los indígenas tienden a girar en torno a actividades que requieren de materia prima del bosque (por ejemplo, la madera), por lo cual también están melladas por el avance de la deforestación[18]. Resulta llamativo el hecho de que en comunidades rodeadas por desmontes, como en Ballivián, ya es muy difícil conseguir

---

16. Naharro y Álvarez, "Estudio de caso", 6.
17. "Fundamentos para impugnar el permiso de desmonte requerido por MAS Agropecuaria S.A.", Expediente SEMADES 119-8727/04, presentado por comunidades indígenas ante autoridades del gobierno de Salta.
18. Ibíd.

madera para hacer sus casas y cercos alrededor de sus huertas. El menoscabo de las actividades indígenas tradicionales no está adecuadamente compensado con la adopción de actividades alternativas.

La pérdida de opciones para satisfacer sus necesidades básicas hace que los indígenas sean más vulnerables, pues el grado de diversidad ocupacional determina en gran medida la capacidad que tiene una comunidad para adaptarse a los cambios en su entorno[19]. Mientras el bosque ofrecía múltiples alternativas, maximizadas por la práctica de la vida trashumante, las opciones para las comunidades sin bosque se limitan hoy a lo que pueden producir para el mercado —mayormente derivados de la madera (artículos de carpintería, carbón, artesanía)— y a lo que pueden generar a través de changas y, en forma creciente, la asistencia que les ofrece el estado[20]. Como comentó Jonatán:

> Antes se podía ir al monte [...] ahora no [...] debido a los desmontes para la siembra de la soja [...] las generaciones han cambiado. Esta generación no conoce los frutos silvestres alimenticios que comíamos durante muchos años [...]. Antes se vivía tranquilo [...] hoy pensamos

---

19. Cp. Ana María Pontussi, Sergio Gómez y Elfi Jockers, "Tierra, agua y vida: Desarrollo sustentable en las comunidades aborígenes de Rivadavia Banda Sud", Trabajo Final Curso Desarrollo Sustentable FLACAM-ISEIS (Salta, 1993), 46, 91.
20. Pastor Arenas, *Etnografía y alimentación entre los Toba-Ñachilamole#ek y Wichí-Lhuku'tas del Chaco Central (Argentina)* (Buenos Aires: publicado por el autor, 2003), 60–61.

en lo material [...]. Antes las casas eran de lona y los árboles las cubrían con la sombra [...][21].

Al haber perdido su forma tradicional de vida, basada en el uso racional del bosque nativo, y al no conocer una economía alternativa —salvo aquella, inducida por la demanda envolvente, basada en el comercio ilícito de la madera— los indígenas que hoy viven como náufragos en un paisaje dominado por monocultivos y ganadería extensivos, se encuentran en un "corralito" ocupacional. La falta de trabajos genuinos, como lo son las actividades productivas propias, quita la posibilidad de una vida digna. Los mismos subsidios brindados por el estado para las familias sumidas en la pobreza tienden a quitar la motivación para trabajar. Así, mientras que Jonatán aprecia el apoyo que les da el estado a través de planes sociales, concluye que a largo plazo esta dependencia afecta negativamente a su gente: "Estamos vagos con los subsidios [...] que el gobierno nos da [...]. ¿Adónde vamos a parar [...]? Últimamente no queremos hacer nada, perdemos cultura [...] pero cortar con los subsidios sería problema. Bueno [...] depende mucho de nosotros también [...]. Hay que trabajar"[22].

Hoy hay una generación nueva de jóvenes indígenas en el Chaco Salteño que solo conoce una forma de vida sustentada por la asistencia estatal. Nunca vieron

---

21. Entrevista con Jonatán realizada por Raúl Toribio, abril 2011.
22. Ibíd.

trabajar a sus padres, y por ende su cultura tradicional se va desdibujando. Es difícil estimar con certeza el efecto que tendrá sobre las generaciones venideras, pero la dependencia que cada vez más define la relación de las comunidades con el estado aumenta su vulnerabilidad ante los vaivenes de las políticas del gobierno de turno.

La vulnerabilidad económica que genera la pérdida de los bosques entre los indígenas del Chaco Salteño no es un hecho aislado. En términos generales, la agroindustria en el norte argentino no ha resultado en la reducción de la pobreza: "En la década del 90 la Argentina duplicó el volumen de sus cosechas de granos, al mismo tiempo en que aumentaron —con una intensidad que no registra precedentes— la miseria, la indigencia y el hambre"[23]. Durante el período 1988–2003, período durante el cual la deforestación de la región aumentó en un 70%, no hubo mejora en los niveles de bienestar social, medidos en términos de Necesidades Básicas Insatisfechas (NBI)[24].

---

23. Jorge Adámoli y otros, "Síntesis de la situación ambiental de la región chaqueña: La expansión actual de la frontera agrícola", en Jorge Adámoli, Sebastián Torrella y Rubén Ginzburg, eds., "Diagnóstico ambiental del Chaco argentino", Dirección de Conservación del Suelo y Lucha contra la Desertificación – Secretaría de Ambiente y Desarrollo Sustentable (Buenos Aires, 2004), 98, http://www.ambiente.gov.ar/archivos/web/chaco/File/diagnostico_ambiental_expeditivo.pdf.
24. José María Paruelo, Martín Oesterhel y Federico del Pino, "Patrones espaciales y temporales de la expansión de soja en Argentina: Relación con factores socio-económicos y ambientales", Informe final LART/FAUBA, en World Bank, "Argentina Rural Strategy" (Universidad de Buenos Aires: Laboratorio de Análisis Regional y Teledetección [LART], 2004), http://www.agro.uba.ar/users/lart/bancomundial/INFORME_final.pdf.

La lucha por el bosque

Los indígenas del Chaco Salteño han habitado esta región desde mucho antes de la llegada de Cristóbal Colón a América[25]; sin embargo, la mayor parte de sus tierras hoy está en manos de terratenientes, empresarios y corporaciones nacionales e internacionales.

Los actuales propietarios de la tierra la adquirieron de otros que a su vez la obtuvieron cuando el estado privatizó las tierras dentro de sus fronteras. El hecho de que el estado argentino les haya arrebatado la tierra a los indígenas quedó perdido en el tiempo, pues lo que vale hoy —no ante la ley, sino en la práctica— no es el derecho consuetudinario sino el título de propiedad.

Argentina, a través de su Constitución Nacional, reconoce el derecho histórico de los indígenas sobre sus tierras ancestrales; sin embargo, los dignatarios políticos, aunque informados de esta situación, no se han ocupado en dar una respuesta efectiva a los reclamos de los indígenas[26]. En el Chaco Salteño, el 83% de las comunidades indígenas (que a su vez componen el 71% de la población de la región) no tiene regularizada su tenencia de la tierra. La mayoría de ellos han presentado reclamos de tierras ante el estado, pero con muy poco éxito[27].

---

25. Palmer, *La buena voluntad wichí*, 11–40; Arenas, *Etnografía y alimentación*, 44–48.
26. Daniel Slutzky, "Situaciones problemáticas de tenencia de la tierra en Argentina", Proyecto de Desarrollo de Pequeños Productores Agropecuarios (Buenos Aires: PROINDER – Secretaría de Agricultura, Ganadería, Pesca y Alimentos – Ministerio de Economía y Producción, 2006).
27. Leake, *Los pueblos indígenas cazadores-recolectores*, 117, 119.

Al no ser propietarios reconocidos de sus tierras, con derechos efectivamente convalidados por el estado, los wichí de Corralito, al igual que muchas otras comunidades indígenas, se ven severamente limitados al momento de tomar acciones para defender sus bosques. Es poco probable que el gobierno de Salta, empeñado como está en promover el desarrollo agroindustrial y la inversión, repentinamente intervenga y comience a expropiar tierras para restituirlas a las comunidades indígenas.

A pesar de que los reclamos por sus derechos territoriales no recibían respuesta satisfactoria del estado, los indígenas, con asistencia de organizaciones de apoyo, comenzaron gradualmente a articular reclamos orientados hacia la protección de sus bosques. El cambio de enfoque no tardó en dar resultados.

En 2007 el Congreso Nacional introdujo legislación que obliga a las provincias a proteger y conservar sus bosques. Esa "Ley de Bosques" reconoció, en concordancia con las garantías constitucionales y otras leyes ya vigentes, los derechos ancestrales de los indígenas[28]. Les ordenó a las provincias realizar un proceso participativo de ordenamiento territorial, destinado a asegurar el uso adecuado y sustentable de la tierra. Aunque técnicamente la medida se cumplió, el nivel de participación fue mínimo. El estado provincial salteño, a su vez, decretó la posibilidad de que un propietario solicitara la recategorización de sus tierras

---

28. Seghezzo y otros, "Native Forests", 254.

mediante un simple procedimiento administrativo, soslayando así la participación de los afectados[29].

La preocupación por el impacto del avance de la deforestación motivó a una agrupación de líderes indígenas y organizaciones no gubernamentales, incluyendo las iglesias católica y anglicana, a recurrir a la Justicia. A fines del año 2008 presentaron una acción de amparo ante la Corte Suprema de Justicia de la Nación. En un tiempo récord de dos semanas, la Corte Suprema respondió con una medida cautelar que estableció una moratoria sobre la deforestación en gran parte del Chaco Salteño[30]. Sin embargo, el 13 de diciembre del 2011 la Corte Suprema levanta la medida cautelar ya que considera que no subsisten las causas que llevaron al dictado de dicha medida y que ha desaparecido el peligro de daño irreversible. El fallo se basa en supuestos logros del gobierno provincial en materia ambiental que son cuestionados por parte de la comunidad científica local[31].

El silencio estatal

La Ley de Bosques y la ya suspendida medida cautelar emitida por la Corte Suprema marcaron hitos importantes en la lucha por proteger el ambiente del Chaco

---

29. Ibíd., 263.
30. Ibíd., 262.
31. Carta abierta a la Corte Suprema de Justicia de la Nación Salta, 20 diciembre 2011, elevada por miembros de universidades y organizaciones no gubernamentales de la provincia de Salta, Argentina.

Salteño. Sin embargo, las declaraciones y acciones del gobierno de Salta parecen indicar que, antes que resolver el problema de fondo, le interesa más encontrar formas de liberarse de las limitaciones que las referidas medidas legislativas y judiciales imponen a la expansión de la agroindustria.

Las autoridades gubernamentales no pueden ignorar que la deforestación —y la destrucción de la biodiversidad mediante— tiene en jaque a la cultura de las comunidades indígenas. El mismo estado nacional, a través de la Secretaría de Ambiente de la Nación, identifica el desmesurado avance de la deforestación como "una tendencia preocupante vinculada con las áreas boscosas nativas, provocada principalmente por [...] el afán de lucro a corto plazo, que desprecia las consecuencias sociales y ambientales que la pérdida de bosques ocasiona"[32].

Las denuncias formuladas en ese sentido por los indígenas son abundantemente elocuentes:

> Habida cuenta de que nosotros pertenecemos a la cultura indígena wichí, cuya economía se basa en el aprovechamiento racional y sustentable de los recursos naturales, es un principio fundamental de las ciencias sociales que dependemos íntegramente de la biodiversidad. Hoy en día, el Gobierno de la Provincia de

---

32. Secretaría de Ambiente y Desarrollo Sustentable, "Informe Regional Parque Chaqueño", en *Primer inventario nacional de bosques nativos*, Proyecto Bosques Nativos y Áreas Protegidas (Buenos Aires, 2005), 32.

Salta, con su política de desmontes, está destruyendo la biodiversidad de la que vivimos, sin proponer ninguna alternativa de vida. Por lo tanto, la eliminación de la selva nativa y su biodiversidad significa nuestra propia aniquilación. Desde esta perspectiva, las actividades de deforestación que se están realizando con un ritmo cada vez más acelerado en el seno de nuestro territorio tradicional, cayendo a nuestro alrededor como bombas explosivas, constituyen una acción de fuerza con fines genocidas. En última instancia, viene a ser la campaña final de la Conquista, el golpe de gracia que pone fin a los siglos de abusos de que los pueblos indígenas somos víctimas[33].

Sin embargo, el interés primordial y aparentemente exclusivo del gobierno salteño es el de promover la producción agroindustrial[34]. Los hechos que hoy están ocurriendo en el Chaco Salteño son testimonio categórico de que, mientras el gobierno afirma que respeta los derechos indígenas, en la práctica no tiene la intención ni de buscar ni de poner en práctica una solución justa y efectiva a la grave situación que padecen Amancio y los miles de indígenas que

---

33. Denuncia del 28 enero 2004 radicada ante el Instituto Nacional de Asuntos Indígenas (INAI) por los wichí de la cuenca del río Itiyuro, Departamento San Martín, provincia de Salta, por deforestación de su territorio (Expediente 50253/03 del INAI).
34. Seghezzo y otros, "Native Forests", 266.

habitan el Chaco Salteño. El mensaje oficial parece ser que la destrucción del ambiente, resquebrajando la forma de vida de las culturas indígenas, constituye el precio que ellos, los indígenas, tienen que pagar por el progreso que los excluye. En Argentina actualmente hay como un "pacto de silencio o impunidad" con respecto a las cuestiones de los indígenas y los campesinos. En este sentido cabe mencionar el hecho que empleados de Télam, la agencia nacional de noticias de Argentina, recientemente denunciaron censuras impuestas sobre reportajes a reclamos territoriales por parte de campesinos en la provincia de Santiago del Estero[35].

Entre la vida y la muerte

La falta de una respuesta positiva por parte del estado, acoplada a la indiferencia de los empresarios hacia el bosque nativo y la vida —tanto la humana como la no humana— que mantiene, está poniendo cada vez más presión sobre la población indígena. Bautista, líder de una comunidad wichí de Zopota, vecina de Corralito, sintetiza con nítida sencillez el grado de desesperación que están sintiendo cada vez más indígenas frente al incesante avance de la deforestación:

---

35. Indymedia Argentina Centro de Medios Independientes, "Los trabajadores de Télam forman comisión contra la censura y operaciones de prensa", 13 diciembre 2011, http://argentina.indymedia.org/news/2011/12/803039.php.

Las empresas mienten cuando dicen que no hay gente aborigen en estas tierras. No sé qué pretenden al decir así. Pero ante esa gente el gobierno se inclina. El gobierno confía en las empresas, porque mira cómo levantan muchas cosas. Pero a nosotros los habitantes de la selva no nos respetan. A quienes vivimos en el lugar, el gobierno no nos hace caso porque no tenemos plata para sembrar. ¿Por qué no escucha a quienes somos los originarios de la tierra? ¿Será que no sirven los documentos [de identidad] que el mismo gobierno nos da? Hoy en día no existimos como personas. Tanto las empresas como los criollos nos corren. Nos están quitando nuestro territorio. Y nosotros, ¿dónde vamos a vivir? Ellos se meten y alambran la tierra. ¿Por dónde andaremos nosotros? No sabemos qué hacer. Estamos esperando que salga nuestro título [de propiedad de la tierra]. Algún día van a terminar con el mundo. Lo están agotando. No va a haber aves ni animales [silvestres]. Y a nosotros también nos van a matar. Se repetirá lo de antes. Nuestra sangre se derramará sobre la tierra. Sería mejor que nos exterminen. No servimos, y punto. Ahí se termina nuestro padecer[36].

Las palabras de Bautista reflejan la impotencia que sienten los indígenas ante el avance de las topadoras,

---

36. Entrevista con Bautista Frías realizada por Andrés Leake, 2007.

la soja, el ganado y los agroquímicos. En la medida en que ven que no surten efecto los reiterados reclamos que presentan por las vías legales, van inclinándose cada vez más hacia acciones alternativas. La desesperación se torna tan extrema que la misma muerte comienza a divisarse como la mejor solución. Los wichí terminan considerando que es preferible morir defendiendo su tierra y sus bosques que dejarse pisotear por las topadoras, como los armadillos.

Cuatro años después de que Bautista pronunciara esas palabras, la prensa salteña transmitió a su público una denuncia radicada por el hermano de Bautista sobre un incidente en el cual el finquero "propietario" intentó atropellarlos a él y a su hija con su camioneta[37]. Poco tiempo después, se dio a conocer la noticia de un ataque, supuestamente perpetrado por la comunidad de Bautista, contra las instalaciones de una empresa que estaba deforestando los bosques alrededor de la comunidad:

> Un grupo de indígenas de la etnia wichí que reclama la propiedad de tierras que son explotadas por el empresario Franco Brunetti, propietario del frigorífico capitalino que lleva su nombre, hizo estallar ayer en la madrugada, una cisterna que contenía 6.000 litros de gasoil, aunque tiene capacidad para 10.000. El hecho se produjo en los galpones de la finca Sopota [sic]

---

37. *Nuevo Diario*, "Denuncian a Leandro Brunetti de 'atropellar' a indígenas en el Norte", 19 agosto 2011, http://nuevodiariodesalta.com.ar.

de Coronel Cornejo, a unos 500 kilómetros al nordeste de la capital provincial. Los aborígenes reclaman la propiedad del territorio, situado a unos 80 kilómetros de Coronel Cornejo, sobre el denominado "camino a Balbuena". Efectivos de la Unidad Regional 4, Criminalística y Brigada de Investigaciones se hallan en la zona, evaluando la situación. Se informó que no hay heridos pero sí daños materiales en la infraestructura del establecimiento ganadero atacado[38].

Los wichí no buscan deliberadamente el conflicto y la violencia sino cuando se les cierra el paso al diálogo. En Argentina, donde los "piquetes" (cortes de ruta) y la toma de edificios públicos ya pasaron a ser métodos casi normales de reclamo, los indígenas se dan cuenta de que la vía legal no les soluciona los problemas que hoy amenazan con poner fin a su existencia cultural. Aun cuando sus reclamos legales son atendidos, el tiempo que se demora en la implementación de las medidas debidas significa en la práctica que, para cuando lleguen, ya será demasiado tarde.

Reflexión

En su novela *Crónica de una muerte anunciada*, Gabriel García Márquez narra la historia de una comunidad

---

38. *El Tribuno*, "Indígenas hicieron estallar una cisterna con 6.000 litros de gasoil", 11 abril 2011, http://www.eltribuno.info/salta/92823-Indigenas-hicieron-estallar-una-cisterna-con-6000-litros-de-gasoil.note.aspx.

que se entera de los planes que tienen dos hermanos para asesinar a uno de los residentes, con el propósito de limpiar la deshonra de la familia. El episodio transcurre al mismo tiempo en que la comunidad se prepara para recibir la visita de su obispo. Aun a sabiendas de lo que iba a suceder, la gente estuvo tan ocupada con los preparativos para la llegada del líder eclesiástico que no hizo nada para evitar el asesinato.

En este capítulo hemos compartido una situación análoga a lo narrado por García Márquez. Aquí se trata del sector pudiente de una sociedad, incluido su gobierno, obsesionado por lograr el crecimiento económico por medio de la agroindustria (soja y ganadería). Aun conociendo el daño que esa obsesión causa en el ambiente natural y en la supervivencia de las poblaciones indígenas que lo habitan, el resto de la sociedad no hace nada para detenerla.

Analizando el texto de García Márquez, uno percibe que la comunidad comparte la culpa del crimen, pues, sabiendo lo que iba a suceder, no hizo nada para impedir la tragedia. Sin embargo, se podría argumentar que la inacción de la gente no se debe únicamente a la distracción creada por la llegada del obispo, sino que en realidad esta fue una excusa para no prestar atención a lo que todos sabían que iba a ocurrir. En el fondo, la comunidad creía que el desenlace a través del asesinato era una salida lógica y necesaria para limpiar la deshonra de la familia. Si los hermanos no hubieran actuado como actuaron, la misma sociedad que se horrorizó del crimen se habría horrorizado de que no se hubiera limpiado el honor familiar.

Las sociedades adoptan conductas y formas de hacer las cosas que, con el tiempo, se van convirtiendo en costumbre. Los usos se practican y se repiten porque siempre se ha hecho así, por más que esos usos entren en conflicto con otros conceptos socialmente válidos. Como señala la novela de García Márquez, las culturas admiten contradicciones.

Nuestra sociedad está ante la aparente disyuntiva entre el desarrollo económico, por un lado, y, por el otro, el respeto a otras culturas y la conservación del medio ambiente. Tenemos la convicción o creencia de que el desarrollo económico nos traerá bienestar; pero, para lograrlo, parece ser necesario sacrificar el bienestar de otros. La bandera que agitan quienes abogan por la primacía del desarrollo económico es la creación de fuentes de trabajo y la producción de alimentos para el mundo hambriento.

Basta el citado testimonio de Bautista para darse cuenta de lo contradictorio que resulta ser el producir alimentos para unos, quitándoselos a otros. Es también hipócrita porque, en realidad, se producen alimentos porque es un buen negocio. Así y todo, quien no tiene dinero para pagar los alimentos que se producen, no come (si no tiene libertad para producir para sí mismo). La hipocresía, además, es doble en el caso de la soja por cuanto el destino que se da a gran parte de la producción sojera argentina no es la alimentación humana sino el engorde animal y, crecientemente, la producción de biocombustibles[39].

La disyuntiva es "aparente" porque no necesariamente tiene que estar enfrentado el desarrollo con el respeto a la diversidad cultural y la conservación ambiental. Debemos buscar alternativas que contemplen todas las posiciones y, para eso, tendremos que conversar, escuchar y acordar en pie de igualdad. Tenemos la capacidad técnica para hacerlo. Falta asumir la responsabilidad cultural, moral, y por sobre todo, política. En este último caso, lo primero que hay que romper es el aparente pacto de silencio o impunidad con respecto a las cuestiones de los indígenas y los campesinos en Argentina.

La experiencia vivida por Amancio se repite una y otra vez, y no hay indicios de soluciones. La búsqueda de justicia será cada vez más difícil, pues la situación es cada vez más urgente. A fines de 2011, los periódicos nacionales informaron sobre el asesinato de Cristian Ferreyra, de veintitrés años. De modo similar a Amancio, Cristián vivió toda su vida en la región chaqueña, formando parte de la comunidad indígena lule-vilela de San Antonio en la vecina provincia de Santiago del Estero. Él optó por defender sus tierras. Según el informe periodístico:

> A pesar de su juventud era identificado como un referente, tranquilo, pero decidido a permanecer

---

39. Naharro y Álvarez, "Estudio de caso", 11, 14.

en territorio ancestral, a 60 kilómetros de Monte Quemado. Desde hace dos años, la comunidad denuncia el acoso de empresarios que pretenden las tierras comunitarias: cierre de caminos vecinales, amenazas a niños cuando iban a la escuela y matanza de animales. [...] Quería mantener una forma de vida que implica trabajar la tierra, criar animales, sembrar y cosechar su comida. Pero un disparo de escopeta lo hirió [fatalmente] cuando se negó a dejar el territorio, pretendido por un empresario.

Un compañero de la víctima comentó: "Mataron a Cristian porque era un joven fuerte, decidido a defender el territorio de sus padres y de su hijo. Él hablaba, dialogaba, pero no negociaba el territorio. Por eso lo mataron". El ataque fue un día antes de una asamblea que iba a realizarse en casa de Ferreyra con el objetivo de definir un plan para frenar las topadoras[40].

La situación de Amancio, de los wichí, así como de muchos campesinos del Chaco, está cada vez más comprometida. Al cerrar este capítulo recibimos una circular del Movimiento Nacional Campesino Indígena que resume su perspectiva sobre la problemática, en donde concluyen que en Argentina

---

40. Darío Aranda, "Otra víctima por defender su territorio", *Página 12*, 18 noviembre 2011, http://www.pagina12.com.ar/diario/sociedad/3-181517-2011-11-18.html.

el agronegocio y su modelo de extracción y muerte no mira ni siente, en su naturaleza capitalista, solo existe la posibilidad de acumular, acumulación y concentración en base a la explotación de los pueblos, al saqueo de sus riquezas y a la eliminación de todo adversario (incluso de aquellos capitalistas "menos capaces"). Las enormes masas de capital especulativo disponibles y la tecnología al servicio del capital aceleran este proceso de muerte[41].

Si personas como Amancio optan por reclamar sus derechos y defender el ambiente frente a las enormes presiones corporativas, es muy probable que sufran presiones y represalias, tal como lo demuestra el caso de Cristian Ferreyra. Para sobrellevar esas presiones requerirán apoyo legal y espiritual así como también solidaridad. Como cristianos y como iglesias debemos preguntarnos si estamos listos, dispuestos y capaces de brindar este tipo de apoyo, pues eso definirá en gran medida la respuesta de la iglesia a la crisis ambiental que hoy sufre el Chaco Salteño y el mundo.

---

41. Movimiento Campesino Indígena Nacional, "Sobre los heridos y asesinados en el campo: Se profundiza el modelo de agronegocios y sus contradicciones", 2011, http://www.mnci.org.ar/index.php?option=com_content&view=article&id=106:ultimo-comunicado-2011.

Parte 2

El cambio climático

¿El cielo está cayendo?
Una breve introducción a la ciencia del cambio climático

Douglas Allen

1. Introducción

Para el futuro bienestar de la humanidad es de suma importancia tomar en cuenta la amenaza de los cambios significativos que ocurren en el "sistema climático" de la Tierra: atmósfera, océano, críosfera (hielo y nieve), litosfera (corteza de la Tierra y capa externa) y biosfera. Los científicos que estudian el clima han utilizado varias fuentes de datos para reconstruir el clima pasado y el presente, mientras que los modelos computarizados se emplean para predecir los escenarios futuros del clima.

Varias observaciones del sistema climático de la Tierra han conducido al consenso de que la temperatura superficial media global de la Tierra ha aumentado perceptiblemente durante el siglo pasado (el supuesto "calentamiento global"). Este calentamiento climático puede deberse en parte a fuerzas naturales (volcanes, variabilidad solar, etc.), pero el factor humano probablemente juega un rol significativo (si no el principal).

De interés particular es el aumento de la concentración de gases de efecto invernadero (GEI) tales como el dióxido de carbono, metano y óxido nitroso, que absorben la radiación infrarroja emitida de la superficie de la Tierra e irradian una porción de ella hacia abajo, de tal modo que calientan la superficie terrestre. Este "efecto invernadero" es crucial para mantener temperaturas habitables en la Tierra. Sin embargo, el incremento de la concentración de GEI por encima de los niveles naturales debido a las emisiones antropogénicas puede dar lugar a un incremento en el "efecto invernadero" con serias consecuencias sobre el clima.

Este capítulo proporciona una descripción de la ciencia del cambio climático para tener una mejor comprensión de las observaciones, de los modelos y de las metodologías usadas por los científicos para detectar y predecir el cambio climático.

2. ¿Por qué es tan confusa la discusión sobre el cambio climático?

Antes de profundizar en la ciencia del cambio climático, necesitamos analizar las razones por las que la discusión sobre el cambio climático a menudo es tan confusa[1]. Esta confusión se debe a tres tipos de problemas: las definiciones y el uso de los términos "estado del tiempo" y "clima", varias complicaciones en la ciencia del cambio climático y las tendencias filosóficas de los que hacen afirmaciones sobre el cambio climático.

Para ayudar a evitar problemas con la semántica, primero necesitamos algunas definiciones. El estado del tiempo y el clima de la Tierra se describen en términos de las mismas características físicas de la atmósfera (temperatura, viento, presión, humedad, precipitación, etc.) a las que nos referiremos como variables atmosféricas. "El estado del tiempo" se refiere a lo que está sucediendo en cualquier momento específico. La declaración: "Ayer la temperatura en Medellín, Colombia, fue de 18 °C", es una declaración sobre el estado del tiempo. El "clima" se refiere al promedio del estado del tiempo en un cierto plazo y/o área geográfica. Esta declaración: "La temperatura promedio en Medellín en estos días es 22 °C", es una declaración sobre el clima, no sobre el estado del tiempo.

El "cambio climático" se refiere al cambio en el valor promedio de una variable atmosférica sobre cierta área geográfica, mientras que el "cambio climático global" se refiere al cambio del clima promedio sobre toda la Tierra. Debido a los promedios observados en la naturaleza, las escalas de tiempo del cambio climático (años a siglos) son mucho más grandes que

---

1. Para mas detalles consultar: Andrew E. Dessler y Edward A. Parson, *The Science and Politics of Global Climate Change: A Guide to the Debate* (Cambridge: Cambridge UP, 2006).

los cambios típicos en el estado del tiempo (minutos a días). Un error común es utilizar un acontecimiento específico del estado del tiempo (por ejemplo, el huracán Katrina) para implicar cambios climáticos. Esto puede llevar a la confusión, puesto que el clima depende del promedio del estado del tiempo, no de un evento específico.

Además de la confusión entre los términos "estado del tiempo" y "clima", hay varias razones científicas por las que la discusión del cambio climático puede ser confusa. Primero, los cambios climáticos ocurren en una gran escala de tiempo del orden de décadas a siglos o más, así que necesitamos capturar datos de mucho tiempo para discernir las tendencias. El análisis de los datos archivados por mucho tiempo se puede complicar a menudo por la falta de datos, por cambios en la instrumentación o en los procedimientos en la adquisición de los datos o por las diferentes tendencias del conjunto de datos. Estos se deben explicar para evitar tendencias falsas del clima.

Segundo, los cambios en el clima son generalmente menores que las fluctuaciones normales del estado del tiempo. Esto significa que los científicos están intentando identificar las pequeñas tendencias que son la base de las grandes fluctuaciones (es decir, un ratio menor entre la señal y el ruido). Esto requerirá de largos series de tiempo bien calibradas para obtener una buena estadística.

Tercero, el sistema climático de la Tierra es muy complicado e incluye numerosos procesos físicos, químicos y bióticos. A fin de analizar completamente la interacción compleja de estos procesos, se han diseñado modelos computarizados muy sofisticados para la mejor comprensión del sistema climático. Para analizar los resultados del modelo se requiere a menudo de operaciones matemáticas avanzadas, como, por ejemplo, el análisis de los componentes principales, que son desconocidas por el ciudadano común.

Cuarto, las proyecciones futuras dependen de acciones humanas inciertas, así que los investigadores del clima necesitan desarrollar escenarios plausibles para que los seres humanos tengan confianza en sus predicciones climáticas. Finalmente, nadie puede ser un experto en todas las áreas del tema. Incluso los científicos del clima, que son expertos en ciertas áreas, necesitan confiar en sus colegas que están trabajando en otras áreas. A cierto nivel, todos necesitamos decidir en quién vamos a confiar.

También hay razones filosóficas por las que la discusión sobre el cambio climático resulta confusa. Primero, la cosmovisión influye como filtro para los datos científicos. De acuerdo con el filósofo Roy Clouser: "Virtualmente todos los desacuerdos importantes entre las teorías rivales de la ciencia y la filosofía se pueden remontar en última instancia a las diferencias entre las creencias religiosas que las rigen"[2]. Las creencias religiosas, o las cosmovisiones,

---

2. Roy A. Clouser, *The Myth of Religious Neutrality* (Notre Dame: University of Notre Dame Press, 2005), 3.

actúan como los lentes a través de los cuales filtramos los datos científicos. No hay nada intrínsecamente incorrecto en eso, pero necesitamos ser honestos al respecto conforme nos acercamos a este problema.

En segundo lugar, las reglas de los argumentos políticos tienden a ser más clementes que las de los argumentos científicos. En la argumentación política, los "hechos" científicos se tuercen a menudo para apoyar una posición particular. El público en general tiende a perdonar más los errores de la argumentación política que los en la argumentación científica. Tercero, el debate político exige respuestas rápidas y puede ser indiferente a la precaución científica. Los científicos tienden a retener sus conclusiones hasta que estén relativamente seguros, pero a menudo las decisiones políticas no esperan.

3. El papel de los científicos en el debate del cambio climático

Dado lo complicado de los factores de la discusión, uno puede preguntarse si realmente se puede hacer algún progreso. A fin de avanzar, deben seguirse pautas necesarias para mantener la integridad de la ciencia en medio de tantos factores de complicación.

El propósito de este capítulo es tratar la siguiente pregunta: "¿Cuál es el papel de los científicos en el debate del cambio climático?". Las responsabilidades generales de los científicos del clima incluyen el abastecimiento de la información exacta sobre la magnitud probable, las causas, el impacto y las proyecciones del cambio climático global. Los científicos también tienen ciertas responsabilidades ante el público en términos de cómo desarrollan su ciencia y cómo transmiten la información científica.

Según lo discutido anteriormente, los científicos deben desarrollar sus investigaciones usando herramientas confiables y deben transmitir la información por los medios comunes de comunicación. El científico debe también ser explícito sobre todas las suposiciones que se estén haciendo y debe proporcionar los niveles de incertidumbre y de significación estadística. Los científicos deben presentar los resultados que son reproducibles y refutables, y los resultados deben ser cuantitativos, no simplemente anecdóticos. Finalmente, las afirmaciones hechas por los científicos, sean en literatura publicada o en declaraciones públicas, siempre que sea posible deben referirse a publicaciones evaluadas por sus pares.

Entre las herramientas disponibles para los científicos del clima están las observaciones "directas" e "indirectas" de las variables climáticas. Las observaciones directas provienen de las estaciones meteorológicas, las naves, los aviones, las boyas y los satélites. Las observaciones indirectas provienen de los anillos de los árboles, los núcleos de hielo, los corales, los sedimentos del océano, las perforaciones y los expedientes de los glaciares, entre otros fenómenos naturales.

Las mediciones "proxy" actúan como registros del clima. Los científicos pueden demostrar una fuerte correlación entre una variable proxy y una variable climática cuando tenemos expedientes directos, entonces pueden proyectar la variable climática regresando al tiempo en que las observaciones directas no estaban disponibles. Por ejemplo, el ancho de los anillos de los árboles ha demostrado una buena correlación con la temperatura global media durante el siglo pasado[3]. Podemos entonces proyectar el clima pasado (con árboles más viejos), estimando la temperatura antes de que las mediciones regulares estuvieran disponibles.

Para que las observaciones tengan sentido, los científicos del clima construyen los modelos del sistema climático de la Tierra. Los modelos utilizan ecuaciones matemáticas y las ponen en lenguaje de programación para intentar predecir qué harán las variables climáticas. Los modelos globales tratan la Tierra entera, y los modelos regionales se centran en áreas limitadas. Hay modelos para la atmósfera y el océano por separado, así como modelos que intentan unirlos. Estos modelos varían enormemente en su complejidad y alcance. A continuación se proporcionan más detalles de estos modelos.

¿Cómo se divulga la información que producen los científicos del clima al público en general? Primero, los artículos se publican en revistas especializadas. Cuando un científico envía un artículo para su publicación, este es recibido por un redactor que lo

---

3. National Research Council, *Surface Temperature Reconstructions for the Last 2000 Years* (Washington, D.C.: National Academies Press, 2006), 45–52.

retransmite a sus pares técnicos y científicos dentro del campo para su revisión. Los revisores envían el artículo de nuevo al redactor con sus comentarios y una recomendación general para su publicación, revisión o rechazo. Este proceso actúa como un filtro eficaz (aunque no perfecto) para evitar que se publique literatura de bajo nivel científico.

Estos artículos se distribuyen en diversas publicaciones científicas, así que es difícil que un individuo compile toda la información. Las evaluaciones científicas, por lo tanto, se realizan para intentar obtener un consenso de un asunto particular. Las principales evaluaciones hechas en el área de la ciencia del clima son publicadas por el IPCC (Grupo Intergubernamental de Expertos sobre el Cambio Climático). Este grupo incluye la colaboración de centenares de científicos de docenas de naciones, con el fin de revisar las investigaciones actuales y hacer un consenso. El IPCC ha producido cuatro informes, publicados en 1990, 1995, 2001 y 2007. Este capítulo se referirá al *Cuarto Informe de Evaluación*[4].

4. La evidencia del calentamiento global

Una de las principales cuestiones en que se han enfocado los científicos del clima ha sido el aumento de

---

4. IPCC, *Cambio climático 2007: Informe de síntesis. Contribución de los Grupos de trabajo I, II y III al Cuarto Informe de Evaluación del Grupo Intergubernamental de Expertos sobre el Cambio Climático* (Ginebra: IPCC, 2007), http://www.ipcc.ch/pdf/assessment-report/ar4/syr/ar4_syr_sp.pdf.

la temperatura superficial media global. ¿Qué es exactamente la temperatura superficial media global? Si pudiéramos colocar un termómetro en cada lugar de la superficie terrestre y hacer un promedio de las lecturas de la temperatura, tomadas todas al mismo tiempo, el resultado sería considerado un promedio global. Aunque los termómetros no estén disponibles en todo lugar, hay un muestreo representativo bastante bueno de las estaciones meteorológicas, las boyas, los registros de los barcos y los datos que los satélites remotos han detectado. Estos datos se promedian día y noche en un año completo para obtener un simple número que representa la temperatura media anual de la Tierra. Después de haber calculado un número de años, se puede obtener un diagrama de cómo ha cambiado la temperatura media a lo largo de varios años.

El informe del IPCC de 2007 describe la temperatura superficial media global anual de 1850 a 2005[5]. De 1850 a 1910, ocurrió una fase de calentamiento leve seguida de enfriamiento, regresando en 1910 a los niveles de temperatura de 1850. De 1910 a 1940 la temperatura media global se incrementó linealmente. De 1940 a 1970 la temperatura se niveló o disminuyó levemente, y de 1970 a 2005 la temperatura aumentó otra vez linealmente.

El panorama general muestra un aumento de la temperatura media superficial global (o un "calentamiento global") de 0.74 $°C$ (1.3 $°F$) en los últimos 100 años.

---

5. Ibíd.

"Bueno", usted quizás se dice, "un cambio de 0.74 °C no es mucho. El estado del tiempo puede cambiar por muchos grados en pocas horas o aún minutos". Pero aquí estamos hablando de una temperatura media global, anual, para la cual 0.74 °C es bastante grande. Se estima que durante la última Edad de Hielo la temperatura media global era solamente alrededor de 5 °C mas fría que hoy[6].

Por lo tanto estamos viendo un aumento muy significativo en términos del promedio global anual. Analizando minuciosamente esta tendencia y aislando algunas estaciones de monitoreo temporal o geográfica, se ha encontrado que el calentamiento es mayor en la tierra que en los océanos. Es mayor en las latitudes altas que en las latitudes bajas y mayor en el invierno que en el verano[7].

El registro de la temperatura puede extenderse también al tiempo pasado usando las observaciones proxy discutidas antes. Una reconstrucción a menudo citada es la temperatura media anual del hemisferio norte durante el milenio pasado. Existen diferentes versiones de esta reconstrucción basadas en varias observaciones proxy[8], pero todos ellos muestran una tendencia general hacia temperaturas elevadas alrededor del año 1000 D.C., el "Período Medieval Caliente", seguido por un enfriamiento general por cerca de

---

6. James Hansen, "Diffusing the Global Warming Time Bomb", *Scientific American* 290 (2004): 68–77.
7. IPCC, *Cambio climático 2007*.
8. National Research Council, *Surface Temperature Reconstructions*.

800 años, conduciendo a la "Pequeña Edad de Hielo" (de 1500 a 1850).

La evidencia histórica apoya las temperaturas reconstruidas. Por ejemplo, el Período Medieval Caliente es el tiempo en que se establecieron los vikingos en Groenlandia, y la Pequeña Edad de Hielo está documentada por los registros históricos de inviernos muy fríos en Europa del Norte. La Pequeña Edad de Hielo estuvo seguida por la tendencia general de calentamiento observada desde 1850. La famosa gráfica que representa la temperatura de los últimos mil años se ha denominado el "Diagrama del bastón de *hockey*", debido a la forma del enfriamiento gradual seguido por un rápido calentamiento. Esto parece indicar que el calentamiento durante el último siglo es muy inusual comparado con el resto del milenio[9].

Además de la temperatura media global, también hay otros indicadores del calentamiento del siglo xx[10]. El nivel del mar se ha elevado aproximadamente 17 cm en el último siglo debido a la expansión térmica del calentamiento del agua y al flujo del hielo derretido dentro del océano. La capa de nieve del hemisferio norte ha disminuido. Ha habido retraimiento general de los glaciares.

El calor global ha aumentado desde los últimos años de los 1950 (cuando comenzamos a adquirir

---

9. Michael E. Mann, R. S Bradley y M. K. Hughes, "Northern Hemisphere Temperatures During the Past Millennium: Inferences, Uncertainties, and Limitations", *Geophysical Research Letters* 26 (1999): 759–62.
10. IPCC, *Cambio climático 2007*.

buenos datos). Ha disminuido por 10–15% la extensión de hielo sobre el mar durante la primavera y el verano en el ártico. Las observaciones de los globos meteorológicos y de los satélites han demostrado el calentamiento de la troposfera baja y media (la capa baja de la atmósfera, que se extiende 10 km sobre la superficie terrestre), y el contenido promedio del vapor de agua en la atmósfera se ha incrementado debido a la creciente evaporación y a la capacidad del aire caliente de almacenar más vapor de agua.

5. Potenciales causas naturales del calentamiento del siglo xx

El calentamiento de la superficie terrestre durante el siglo pasado se ha documentado muy bien, y existe un fuerte consenso científico de que esto haya sucedido. El siguiente paso obvio es identificar la causa de este calentamiento. En las siguientes dos secciones examinaremos seis diversos factores que desempeñan un papel importante en la historia del clima de la Tierra. En particular analizaremos la plausibilidad de cada factor en términos de las causas observadas del calentamiento del siglo xx. Cinco de los factores son fenómenos naturales, mientras que el sexto factor es debido a las actividades humanas (antropogénicas)[11].

---

11. Esta sección fue enriquecida por los argumentos hechos en Dessler y Parson, *The Science and Politics of Global Climate Change*.

El primer factor que se considerará implicado es la variación en la órbita terrestre. La Tierra gira alrededor del Sol en una órbita elíptica (no circular) que puede cambiar con el tiempo debido al efecto gravitacional combinado del Sol, la Luna y los otros planetas. Hay tres variaciones cíclicas principales en la órbita relacionadas con la excentricidad (de la elipse), la oblicuidad (inclinación del eje de la Tierra) y la precesión (época del año en que la Tierra está más cerca del Sol). Estas variaciones se denominan los ciclos de Milankovitch por el físico serbio quien fue el primero en proponerlas[12]. Estas variaciones son las que contribuyen principalmente a los ciclos de edades de hielo en la historia del clima de la Tierra. Sin embargo, las escalas de tiempo de los cambios climáticos son del orden de diez mil a cientos de miles de años, demasiado lento para justificar el calentamiento observado en el siglo XX.

Un segundo factor es la corteza terrestre integrada por diferentes placas que se mueven unas a otras en un proceso denominado movimiento de "placas tectónicas". Es concebible que un continente que una vez estaba en las altas latitudes templadas pudiera moverse a las regiones tropicales con una luz solar mucho más directa, cambiando de modo dramático su clima. Sin embargo, el movimiento de estas placas es algo aletargado, del orden de centímetros por año (aproximadamente del orden en el que crecen las uñas). Así que no

---

12. W. S. Broecker y G. H. Denton, "What Drives Glacial Cycles?" *Scientific American* 262 (1990): 49–56.

podemos utilizar el movimiento de las placas tectónicas para explicar el calentamiento del siglo XX, porque la escala de tiempo asociada es demasiado grande.

¿Qué acerca de los volcanes? Las grandes erupciones lanzan cantidades significativas de material a la atmósfera que puede alterar dramáticamente el clima. Además de grandes cantidades de ceniza, los volcanes emiten bióxido de azufre que se convierte en pequeñas partículas de aerosol en la atmósfera que pueden dispersar la luz del Sol y refrescar la atmósfera. El año 1816 se llama a menudo el "año sin verano". La erupción del Monte Tambora en Indonesia expulsó grandes cantidades de material a la atmósfera, causando un enfriamiento generalizado. Las tempestades de nieve se ocurrieron hasta junio en Nueva Inglaterra y las pérdidas de cosechas eran extensas. Está claro que los volcanes pueden tener un impacto significativo en el clima, refrescando de manera general la troposfera. Sin embargo, su impacto tiende a disminuir en algunos años, y las erupciones explosivas son episódicas en la naturaleza. Por lo tanto es poco probable que los volcanes hayan causado el calentamiento global observado en el siglo XX.

¿Qué acerca de la variación interna del sistema océano-atmósfera? Los ciclos naturales en este sistema tales como El Niño y la Oscilación del Atlántico Norte pueden resultar en impactos regionales (o locales) significativos en el estado del tiempo. Sus impactos también pueden extenderse a lo largo de grandes distancias a través de las teleconexiones atmosféricas, en las que los patrones del estado del tiempo de regiones muy apartadas están vinculados por grandes estructuras coherentes en forma de ondas en la atmósfera de la Tierra. Sin embargo, la magnitud de estos cambios observados es demasiado pequeña para explicar el calentamiento a escala global, y los cambios en la naturaleza tienden a ser cíclicos más que a tener larga duración. Por lo tanto, es poco probable que la variabilidad interna explique el calentamiento observado en el siglo xx.

Los últimos dos factores proporcionan las respuestas más prometedoras. El primero es la variabilidad solar. Sabemos que las variaciones solares se han ligado fuertemente a las variaciones en el clima pasado. La irradiación solar total indica la cantidad de energía solar que incide en la capa externa de la atmósfera terrestre. La potencia promedio de la energía solar que incide en la Tierra es aproximadamente 1370 *watt* por metro cuadrado (W/m^2). Las estimaciones de la última irradiación solar que se hicieron con los expedientes de las manchas solares (el número de manchas solares se ha correlacionado con la irradiación solar total) han demostrado que en los últimos 1600 años, la producción de manchas solares fue aproximadamente 0.25% menor que en la actualidad[13]. Esto coincide con el período más frío de la Pequeña Edad de Hielo, implicando la variabilidad solar como factor importante en ese episodio del clima.

---

13. Judith Lean y otros, "SORCE Contributions to New Understanding of Global Change and Solar Variability", *Solar Physics* 230 (2005): 27–53.

Es difícil medir exactamente la irradiación solar de la superficie terrestre. Sin embargo, los gases, el polvo y las nubes en la atmósfera dispersan y absorben algo de la radiación solar. Las mejores estimaciones de la irradiación solar han ocurrido a partir de 1979, cuando los instrumentos de monitoreo solar se instalaron en los satélites que orbitan mucho más allá de la atmósfera oscura de la Tierra. Los datos obtenidos desde 1979 han mostrado que puede haber un leve incremento (menor que 1 W/m^2) en la irradiación solar durante los últimos 25 años[14], lo que puede explicar una pequeña parte del calentamiento observado en las últimas décadas, pero no en total.

Hay teorías especulativas acerca de cómo las variaciones solares pueden afectar el clima terrestre aparte de las debidas directamente a los cambios en irradiación solar. Una teoría polémica propuesta originalmente en 1997 por Svensmark y Friis-Christensen discute que los cambios en el campo magnético solar alteran la cantidad de rayos cósmicos galácticos que se incorporan a la atmósfera de la Tierra[15]. Estos rayos cósmicos pueden afectar la cubierta de las nubes y de ese modo cambiar la cantidad de luz reflejada por la atmósfera terrestre. Este efecto podría incrementar la influencia del Sol en el cambio climático de la Tierra.

---

14. Judith Lean, "Living with a Variable Sun", *Physics Today* 58 (2005): 32–38.
15. H. Svensmark y E. Friis-Christensen, "Variation of Cosmic-Ray Flux and Global Cloud Coverage—A Missing Link in Solar-Climate Relationships", *Journal of Atmospheric and Solar-Terrestrial Physics* 59 (1997): 1225–32.

Sin embargo, muchos científicos del clima son escépticos en cuanto a que este mecanismo desempeñe un papel importante.

6. Potenciales causas antropogénicas del calentamiento del siglo XX

Después de examinar las posibles causas naturales del calentamiento del siglo XX, regresaremos al factor final prometedor: las causas antropogénicas. La principal forma en que los seres humanos pueden afectar el clima es a través de emisiones de gases y de partículas al aire que alteren el flujo de energía en la atmósfera terrestre. Como se verá, el impacto humano puede enfriar o calentar la Tierra dependiendo de numerosos factores. Para entender el impacto humano, primero necesitamos explicar el efecto invernadero.

El Sol, a una temperatura de alrededor de 6000 °C, irradia la mayor parte de su energía en la región visible y la ultravioleta del espectro electromagnético. Esta energía radiante viaja 150 millones de kilómetros a través de espacio vacío antes de que alcance la atmósfera superior de la Tierra. La atmósfera terrestre principalmente es transparente a la luz visible, lo que nos permite ver el Sol, la Luna y las estrellas, etc. Algo de la luz visible es reflejado de nuevo al espacio por las nubes y las superficies brillantes como el hielo y la nieve, y algo se dispersa por los gases y las partículas de la atmósfera. En promedio, cerca del 70% de la luz incidente del Sol es absorbido por la superficie terrestre. Esto hace que la superficie se caliente y se convierta a sí misma en un radiador. La temperatura promedio de la Tierra es mucho más baja (alrededor de 15 °C), así que irradia principalmente en la región infrarroja más que en la visible y la ultravioleta.

La atmósfera es mucho menos transparente a la energía infrarroja debido a los gases de efecto invernadero. Si esos gases no estuvieran en la atmósfera, la radiación infrarroja de la superficie terrestre iría directamente de nuevo al espacio. Los cálculos demuestran que la temperatura superficial promedio de la Tierra sería entonces alrededor de -6 °C (21 °F), ¡lo que haría un planeta mucho menos confortable![16] Los GEI absorben la radiación infrarroja saliente y devuelven algo de ella hacia la superficie terrestre, actuando como una cubierta que atrapa algo del calor y mantiene caliente la superficie. Con los GEI, la temperatura promedio de la Tierra está alrededor de +15 °C (59 °F), un nivel mucho más cómodo.

De estos cálculos encontramos que el efecto invernadero es esencial para la vida de nuestro planeta Tierra. Lo que preocupa es que se espesa la cubierta del invernadero por causa de las emisiones humanas de los gases que atrapan el calor, causando un aumento en el efecto invernadero. El espesamiento de la cubierta atrapará más energía infrarroja y podría causar un calentamiento indeseable de la superficie terrestre.

---

16. John Houghton, *Física de las atmósferas planetarias* (Madrid: Instituto Nacional de Meterología, 1992).

¿Cuáles son los gases de efecto invernadero? Primero, observemos que el vapor de agua es realmente el gas dominante del efecto invernadero, absorbiendo la mayoría de la energía infrarroja. Pero la cantidad de vapor de agua responde rápidamente a la temperatura atmosférica y por eso se ve como parte del sistema climático que reacciona a la variación de fuerzas externas más que como un agente de fuerza en sí mismo.

El bióxido de carbono, el metano y el óxido nitroso son los tres gases más importantes del efecto invernadero, mientras que los gases de menor importancia incluyen a los clorofluorocarbonos (CFC), los hidrofluorocarbonos (HCFC) y el ozono troposférico. Cada uno de los GEI principales tiene fuentes naturales y antropogénicas. El bióxido de carbono es producido por la respiración y la descomposición de las plantas así como por la quema del combustible fósil y de la biomasa (ejemplo: combustión de la madera). El metano es producido por los animales rumiantes, la biomasa que se quema, los basurales y la explotación del gas natural. El óxido nitroso es producido por procesos naturales del suelo así como por la quema de combustible fósil y el uso de fertilizantes.

Es importante enfatizar que los efectos de colocar estos gases en la atmósfera se prolongan durante largos períodos de tiempo. Aunque la escala de tiempo de su permanencia en la atmósfera varía de gas en gas, se estima que los tiempos de residencia promedio están en el orden de décadas a siglos o más[17]. Una vez en la atmósfera, estos gases pueden afectar el clima futuro.

¿Las concentraciones de GEI han estado aumentando durante el siglo pasado? La respuesta es un inequívoco "SÍ". Desde la revolución industrial (alrededor del año 1750), el bióxido de carbono ha aumentado de 280 partes por millón (es decir, las moléculas del bióxido de carbono comparadas con las moléculas del aire) a 379 partes por millón en 2005, un aumento de 35%. Además, el óxido nitroso se ha elevado por 18% y el metano por más de 140% desde la revolución industrial[18].

Cuando se queman los combustibles fósiles, se emite más que los GEI. Un subproducto importante de la combustión del carbón es el bióxido de azufre. Una vez en la atmósfera, el bióxido de azufre reacciona químicamente con el aire para producir los aerosoles sulfatados que tienden a enfriar la atmósfera directamente al dispersar la luz solar e indirectamente al servir como núcleos de condensación para las pequeñas partículas de las nubes (conocidas como el efecto indirecto del aerosol). Este enfriamiento compensa en parte el calentamiento debido a los GEI. Como se verá, es probable que los aerosoles de sulfato desempeñaran un papel importante en la tendencia del enfriamiento medio global observado de 1940–1970.

Cuando comparamos las tendencias en la concentración de los GEI y en la temperatura superficial

---

17. IPCC, *Cambio climático 2007*.
18. Ibíd.

media global, encontramos una buena correlación, particularmente en las últimas décadas. Podríamos argumentar que el caso esté cerrado: que el incremento de los GEI ha causado el calentamiento global. Sin embargo, la correlación por sí misma no indica causa y efecto. Como ejemplo trivial, supongamos que usted observaba un gallo cantar cada mañana momentos antes del amanecer. Hay una correlación clara, pero usted no propondría que el canto del gallo hiciera que el Sol se elevase. En el caso del cambio climático, necesitamos desarrollar modelos físicos para probar si el calentamiento es realmente debido al incremento de los GEI o a otro factor.

7. Modelos climáticos

A fin de atribuir los cambios climáticos a un mecanismo de fuerza particular, los científicos del clima han desarrollado modelos computarizados para intentar determinar y cuantificar las relaciones causales. Estos modelos procuran incorporar todos los procesos importantes en el sistema climático de la Tierra, incluyendo cambios en la energía solar incidente, el hielo del mar, los volcanes, la precipitación pluvial y la utilización del suelo.

Los modelos climáticos son similares a los modelos del estado de tiempo, los cuales también incluyen procesos físicos muy importantes. Sin embargo los modelos del estado del tiempo se utilizan para hacer pronósticos a corto plazo (días a semanas) de las variables climáticas, mientras que los modelos climáticos se utilizan para desarrollar promedios a largo plazo (años a siglos). Los modelos climáticos se utilizan primero para reconstruir los datos del clima pasado. Una vez que entendamos el clima pasado, entonces los modelos se pueden utilizar para proyectar el clima futuro.

Puesto que el sistema climático de la Tierra es tan complejo, con muchos factores que interactúan recíprocamente, los científicos a menudo inician con los modelos más simples, aislando cada factor individual que afecte el clima de la Tierra del resto de los factores. El cambio en la cantidad de energía retenida en la superficie terrestre debido a los cambios en uno de los factores es denominado el factor de fuerza radiativa.

El último informe del IPCC presenta la fuerza radiativa del sistema climático del año 2005 con respecto al año 1750. Por ejemplo, se espera que el incremento del bióxido de carbono desde 1750 sea el causante del incremento de fuerza de 1.6 W/m^2 de la Tierra. Combinado con otros incrementos de los GEI, hay un total de alrededor de 3 W/m^2. En comparación, la fuerza radiativa debida al efecto directo de la irradiación solar es mucho más pequeña, alrededor de 0.1 W/m^2.

Existen otros factores que proporcionan una fuerza negativa (enfriamiento) de la atmósfera, tales como los sulfatos y los aerosoles. Aún hay gran incertidumbre en la cuantificación de la fuerza radiativa debido a los aerosoles, pero claramente hay una fuerza negativa que sirve para compensar el calentamiento debido al incremento de los gases de efecto invernadero.

La mayoría de nosotros no nos relacionamos con los *watt* por metro cuadrado, pero sí entendemos la temperatura. Así que el próximo problema es cómo transformar los componentes de fuerza radiativa en temperatura. El modelo climático más simple del sistema Tierra-Sol se compone de una ecuación de balance de energía solar absorbida por la superficie terrestre y la energía infrarroja radiada por la Tierra. Suponiendo la falta de nubes y de GEI, la superficie terrestre debe absorber alrededor del 84% de la energía solar incidente. La radiación saliente de la Tierra depende solamente de su temperatura (proporcional a la temperatura a la cuarta potencia). Comparar los dos resultados cuantitativos (la energía absorbida y la saliente) resulta en una temperatura promedio de -6 °C (15 °F), el número citado anteriormente. Incluyendo los GEI (y las nubes) en el resultado, la temperatura media observada es de 15 °C (59 °F). Si duplicamos la concentración de bióxido de carbono, manteniendo todos los otros factores constantes, las proyecciones indican que el bióxido de carbono se duplicará para el año 2100. Nuestro simple modelo demuestra que este cambio producirá un incremento en la temperatura de alrededor de 1.2 °C[19].

Sin embargo, los cambios atmosféricos no están aislados sino que están modificados por otros cambios

---

19. John Houghton, *Global Warming: The Complete Briefing*, 3a ed. (Cambridge: Cambridge UP, 2004).

denominados generacionales. Por ejemplo, supóngase que el bióxido de carbono empieza a incrementar el calor de la superficie terrestre. Este calentamiento podría causar la evaporación, permitiendo el incremento en el vapor de agua. Esto en cambio calienta aun más la superficie terrestre ya que el vapor de agua es un GEI. Este ciclo sería un ejemplo de la regeneración positiva. Otra regeneración positiva es que las temperaturas más elevadas pueden causar el derretimiento del hielo y de la nieve. Esto haría que la Tierra fuera menos reflectante, permitiendo que la superficie terrestre absorba más energía y por lo tanto la superficie se caliente más. Existen regeneraciones negativas que podrían contrarrestar cambios en un componente del sistema.

Tomar en cuenta todas las regeneraciones requiere modelos más sofisticados que varían algo en sus conclusiones. Sin embargo, los modelos generalmente predicen un incremento en el efecto de la duplicación del bióxido de carbono por causa de las regeneraciones positivas, dando como resultado un aumento de la temperatura de 2–4.5 °C. Esto proporciona una estimación acerca del cambio climático que podemos esperar debido a la duplicación del bióxido de carbono.

Actualmente se desea construir un modelo más complejo que incorpora todas las propiedades físicas conocidas, para obtener proyecciones más certeras del clima futuro de la Tierra. Se han desarrollado docenas de modelos en varias instituciones de investigación a lo largo del mundo para intentar reconstruir el clima pasado y predecir el clima futuro. Lo bueno de tener un modelo completo es que se pueden hacer diversos "experimentos", cambiando varios parámetros de fuerza. Por ejemplo, utilizando el modelo de reconstrucción de Stott y sus colaboradores se ha reproducido la temperatura superficial media global de la Tierra entre los años 1860–2000[20]. En ciertos mecanismos del modelo solo se utilizan las fuerzas naturales (solar, volcánica, etc.), mientras que en otros solo se utilizan fuerzas antropogénicas (gases y aerosoles que incrementan el efecto invernadero). En un tercer mecanismo del modelo se usan todas las fuerzas (naturales y antropogénicas). Las simulaciones que solo usan fuerzas naturales no captan el agudo calentamiento de 1970–2000. Las simulaciones que solo usan fuerzas antropogénicas no captan el calentamiento de 1910–1940. Los resultados de estas simulaciones demuestran que a fin de obtener una reconstrucción confiable de los últimos 150 años, se necesitan incluir fuerzas naturales y antropogénicas.

El análisis detallado de los datos del modelo demuestra que el calentamiento de 1910–1940 fue causado principalmente por el incremento de la irradiación solar (combinado con una importante carencia de actividad volcánica durante este período), mientras que el enfriamiento de 1940–1970 fue principalmente causado por el incremento en la concentración

---

20. Peter A. Stott y otros, "External Control of 20th Century Temperature by Natural and Anthropogenic Forcings", *Science* 290 (2000): 2133–37.

de aerosoles de sulfato. Se encontró que es casi seguro que el calentamiento de 1970–2000 fuera debido al incremento de los GEI. Los resultados de otros modelos han corroborado las conclusiones principales del trabajo de Stott y sus colaboradores, pero todavía hay varios detalles cualitativos que necesitan resolverse.

Habiendo obtenido reconstrucciones de los últimos 150 años, los modeladores del clima han ganado la confianza para sus modelos del futuro. Para hacer una proyección se necesita hacer algunas suposiciones sobre lo que harán los seres humanos en el futuro. Los diversos escenarios que el IPCC ha desarrollado consideran el uso de la energía, la tecnología, el incremento de la población y otros factores. Los modeladores han desarrollado diferentes escenarios para obtener una gama de posibles resultados. Los informes del IPCC han documentado proyecciones hechas hasta el año 2100 para un número de diferentes modelos y para diferentes escenarios.

El resultado general de todos los modelos muestra una proyección hacia el calentamiento, con un grado de calentamiento de 1.1–6.4 °C. Esto es muy coherente con las estimaciones simples basadas en la duplicación del bióxido de carbono. Los modelos también predicen el aumento precipitado en el alza del nivel del mar de 18–59 cm. Hay mucha incertidumbre acerca de qué tanto se elevará la temperatura y el nivel del mar, pero hay una fuerte evidencia de que ocurrirán un calentamiento y un significativo levantamiento del nivel del mar.

8. Consecuencias

¿Cuáles son algunas de las consecuencias de este calentamiento global proyectado, y cómo nos aseguramos de estas consecuencias?[21,22] Durante el próximo siglo, es casi seguro que sucederán varios cambios. Primero, debido al creciente consumo de energía y al largo tiempo de residencia de los GEI, es virtualmente cierto que la concentración de los GEI continuará elevándose por largo tiempo (varios siglos). También es virtualmente cierto que las temperaturas continuarán elevándose durante el siglo XXI. Este incremento en la temperatura hará que el hielo se derrita, que los glaciares continúen retrayéndose y que el nivel del mar aumente. Los niveles elevados del mar producirán líneas costeras más vulnerables a la erosión y amenazará la desaparición de las islas bajas.

En cuanto a las otras consecuencias posibles del calentamiento global, el consenso entre los científicos no es tan fuerte. El incremento en la temperatura del océano posiblemente resulte en tormentas tropicales más fuertes y más frecuentes (huracanes y tsunamis). Esta es un área de investigación activa y de mucho debate para la cual el consenso científico todavía no se ha alcanzado. Es posible que se intensifiquen las olas de calor y que empeoren las sequías. El calentamiento del aire puede causar más evaporación

---

21. John A. Knox, "Living in a Globally Warmed World", *Phi Kappa Phi Forum* 86 (2006): 11–16.
22. IPCC, *Cambio climático 2007*.

del suelo, el cual puede exacerbar las temperaturas más calientes. Las crecientes inundaciones pueden ocurrir en ciertas regiones. Además, las enfermedades que generalmente han sido confinadas a las regiones tropicales podrían emigrar a mayores latitudes. La proliferación de tornados es poco probable, puesto que la física del desarrollo de los tornados no está relacionada directamente con el incremento de temperatura en gran escala.

Predecir los cambios para una región particular es más difícil que predecir los cambios a escala global. El mayor calentamiento se proyecta que ocurrirá en la región ártica, con un leve calentamiento en las latitudes más bajas. Se espera que los continentes se calienten más rápido que los océanos. Se esperan cambios en los patrones de precipitación, y continuará la disminución del hielo y de la cubierta de nieve. Algunas regiones pueden beneficiarse (al menos temporalmente) del alargamiento de las estaciones de cosecha y del incremento en la precipitación pluvial, mientras que otras regiones pueden sufrir crecientes oleadas de calor y sequías. En general las naciones más pobres son más vulnerables a los cambios climáticos, puesto que tienen menos recursos para la adaptación.

9. Resumen

En resumen, el clima es influenciado por factores muy complejos. Algunos los entendemos bien mientras que otros son mal entendidos. La evidencia observacional apoya el calentamiento superficial promedio global de 0.74 °C, el incremento del nivel del mar de 17 cm en el siglo pasado y el extenso derretimiento de nieve y de hielo. El mayor incremento en la temperatura promedio global desde la mitad del siglo XX muy probablemente se debe al incremento observado en las concentraciones de gases de efecto invernadero.

Los modelos climáticos pronostican un calentamiento de 1.1–6.4 °C y una elevación del nivel del mar de 18–59 cm para fines del siglo XXI. Con un grado de certeza variable, se proyecta que ocurran otros impactos a escala global. Son probables también los impactos regionales, pero las proyecciones específicas de estos son más inciertas que las a gran escala.

El clima global:
Implicaciones para la salud global

L. Kristen Page

Introducción

La salud humana está asociada de manera intrincada al funcionamiento del ecosistema. Nuestro bienestar depende de muchas funciones del ecosistema incluyendo la producción de alimentos, la filtración de agua, la dispersión de semillas, la polinización, la mitigación de inundaciones y sequías, la regulación de enfermedades y el almacenamiento de carbón[1], entre otros. A menudo estos servicios son pasados por alto hasta que la sobreexplotación de los recursos, la contaminación u otros factores estresantes ocasionen

---

1. C. Corvalán, S. Hales y A. J. McMichael, equipo principal de escritura, *Ecosystems and Human Well-Being: Health Synthesis*, Millennium Ecosystem Assessment (Geneva: World Health Organization [WHO], 2005).

fracasos que dan por resultado pérdidas económicas o cambios en la salud humana.

El proceso del calentamiento global altera necesariamente los procesos del ecosistema[2] y por ende también los servicios del ecosistema que se relacionan directa e indirectamente con la salud humana[3]. El objetivo de este capítulo es discutir las implicaciones del calentamiento climático en la salud humana. Examinaremos los factores climáticos que afectan directamente la salud humana (por ejemplo, los acontecimientos extremos del estado del tiempo), los factores mediados por el ecosistema que afectan la transmisión de enfermedades y la producción de alimentos y finalmente los efectos indirectos tales como el desplazamiento de la población como resultado del cambio climático (por ejemplo, el aumento del nivel del mar).

Antes de iniciar esta discusión, es necesario describir el estado actual de la salud humana independientemente del clima. La enfermedad afecta a diversas

---

2. Hay un fuerte consenso científico de que las temperaturas globales están calentándose, y este capítulo está escrito desde esa perspectiva. El Programa de las Naciones Unidas para el Medio Ambiente y la Organización Meteorológica Mundial establecieron en 1988 el IPCC (Grupo Intergubernamental de Expertos sobre el Cambio Climático). Ver IPCC, *Cambio climático 2007: Informe de síntesis. Contribución de los Grupos de trabajo I, II y III al Cuarto Informe de Evaluación del Grupo Intergubernamental de Expertos sobre el Cambio Climático* (Ginebra: IPCC, 2007), http://www.ipcc.ch/pdf/assessment-report/ar4/syr/ar4_syr_sp.pdf; A. J. McMichael, R. E. Woodruff y S. Hales, "Climate Change and Human Health: Present and Future Risks", *The Lancet* 367 (2006): pp. 859–67.

3. A medida que se están degradando los ecosistemas, la tierra se convierte en menos productiva, conduciendo a la creciente incidencia de desnutrición; también el rango de hábitat de los vectores aumenta, llevando a la creciente transmisión de enfermedades portadas por vectores.

poblaciones humanas de maneras diferentes. La gente en los países menos desarrollados pocas veces tiene la infraestructura para responder adecuadamente a la enfermedad y a sus efectos. Muchos viven en ecosistemas tropicales con muchos patógenos y portadores naturales, tales como los mosquitos, que transmiten enfermedades, y a veces la gente está viviendo en tan grandes concentraciones que la enfermedad se transmite rápidamente de persona a persona. En la actualidad, millones de personas en todo el mundo mueren cada año de enfermedades evitables. Se estima que 80% de la población mundial vive en países en vías de desarrollo y aproximadamente 1.2 mil millones de personas viven con menos de un dólar por día[4].

Un análisis del predominio de la enfermedad a escala global demuestra que los pobres del mundo no solo están más enfermos que los ricos[5], sino que también se exponen con más frecuencia a la enfermedad y son los que menos acceso tienen a los servicios médicos[6]. Más o menos de la misma manera, el cambio climático también afectará desproporcionadamente los países en vías de desarrollo, puesto que las poblaciones ya vulnerables pueden experimentar un incremento frecuente de los acontecimientos extremos del estado del tiempo, el incremento del nivel

---

4. L. Boff, *Ecología: Grito de la tierra, grito de los pobres* (Madrid: Trota, 1996).
5. P. Farmer, *Pathologies of Power: Health, Human Rights, and the New War on the Poor* (Berkeley, CA: University of California Press, 2003).
6. P. Farmer, *Infections and Inequalities: The Modern Plagues* (Berkeley, CA: University of California Press, 1999).

del mar, cambios en la productividad[7] y la creciente exposición a vectores o portadores artrópodas de enfermedades[8].

El clima y la salud: Una perspectiva general

Es abrumador el consenso científico de que el cambio climático global está ocurriendo y que las acciones humanas son una fuerza impulsora en el incremento de los gases de efecto invernadero (GEI)[9]. La relación entre estos cambios y la salud humana es difícil de cuantificar directamente; sin embargo, es cierto que el cambio climático afectará la salud humana[10]. De hecho, las tendencias actuales en enfermedades infecciosas que emergen se pueden relacionar ya con el aumento de la temperatura global y los acontecimientos extremos del estado del tiempo[11], y cada vez más evidencia ecológica y epidemiológica permite que los científicos predigan con exactitud cuáles poblaciones humanas correrán riesgos mayores de cambios en su estado de salud.

---

7. La productividad en este sentido se refiere a la producción de plantas que afecta en última instancia la cadena alimentaria completa.
8. IPCC, *Cambio climático 2007*.
9. IPCC, *Cambio climático 2007*; N. Oreskes, "The Scientific Consensus on Climate Change", *Science* 306 (2004): p. 1686.
10. McMichael, Woodruff y Hales, "Climate Change and Human Health"; IPCC, *Cambio climático 2007*; Corvalán, Hales y McMichael, *Ecosystems and Human Well-Being*.
11. Corvalán, Hales y McMichael, *Ecosystems and Human Well-Being*; J. A. Patz y otros, "Climate Change and Infectious Diseases", en *Climate Change and Human Health*, eds. A. J. McMichael y otros (Geneva: WHO, 2003), pp. 103–32.

La alteración humana de ecosistemas y los cambios de interacciones entre los seres humanos y el medio ambiente son los factores comúnmente reconocidos que contribuyen a la aparición de la enfermedad[12]. Las actividades tales como la tala de árboles, la irrigación, la construcción de presas, la modificación de los humedales y la agricultura pueden dar lugar a cambios ecológicos muy específicos que incrementan la transmisión de enfermedades[13].

La creciente presión humana sobre el medio ambiente, que se manifiesta en el cambio climático, tiene impactos sobre la salud humana directos, mediados por el ecosistema e indirectos[14]. Los problemas que impactan directamente en la salud humana incluyen problemas asociados con inundaciones, temperaturas extremas, sequías y los derrumbamientos asociados a precipitaciones pluviales extremas y erosión. Los efectos mediados por el ecosistema incluyen el surgimiento de enfermedades infecciosas asociadas con los cambios en la población de vectores (o portadores de enfermedades) o en la temperatura del agua, además de la disminución de medicinas botánicas debido a la pérdida de biodiversidad. El cambio climático también

---

12. S. S. Morse, "Factors in the Emergence of Infectious Diseases", *Emerging Infectious Disease* 1 (1995): 7–15.
13. J. A. Patz y otros, y miembros del grupo de trabajo de Land Use Change and Disease Emergence, "Unhealthy Landscapes: Policy Recommendations on Land Use Change and Infectious Disease Emergence", *Environmental Health Perspectives* 112 (2004): 1092–98; J. Slingenbergh y otros, "Ecological Sources of Zoonotic Diseases", *Revue Scientifique et Technique* (International Office of Epizootics) 23 (2004): 467–84.
14. Corvalán, Hales y McMichael, *Ecosystems and Human Well-Being*.

puede afectar indirectamente la salud ya que cambios en la distribución de la tierra dedicada la producción agrícola pueden resultar en la pérdida de sustento, desnutrición y desplazamiento de la población[15].

El clima y el impacto directo en la salud humana

Ciertos efectos del cambio climático en la salud humana son directamente observables. Los eventos extremos del estado del tiempo, las inundaciones, las sequías y los derrumbes pueden dar lugar a problemas de salud predecibles y medibles. El IPCC (Grupo Intergubernamental de Expertos sobre el Cambio Climático) sugiere que mientras la temperatura global se incrementa, los eventos extremos del estado del tiempo, tales como la intensificación de las olas de calor, serán muy probables[16].

Tales eventos tienen efectos directos en la salud humana, aunque los efectos son muy variables a través de gradientes latitudinales. Las poblaciones aclimatadas a temperaturas altas son más vulnerables al frío extremo, y las poblaciones en climas más frescos son más vulnerables al calor extremo. Incluso dentro de

---

15. Corvalán, Hales y McMichael, *Ecosystems and Human Well-Being*; McMichael, Woodruff y Hales, "Climate Change and Human Health".
16. El informe del IPCC de 2007 utiliza la siguiente terminología y probabilidad asociada de la ocurrencia: virtualmente cierto (>99%); muy probable (>90%); probable (>66%); aproximadamente tan probable como improbable (33% a 66%); improbable (<33%); muy improbable (<10%); extremadamente improbable (<5%). IPCC, *Cambio climático 2007*.

las poblaciones, ciertos individuos (los ancianos, los sin hogar y los enfermos, por ejemplo) corren mayor riesgo de sucumbir al calor intenso o al frío extremo. Las muertes por una ola de calor son frecuentes entre individuos con la predisposición a enfermedades cardiovasculares o respiratorias[17]. La ola de calor del 2003 en Europa dio lugar a 30,000 muertes[18], demostrando la devastación asociada a tales acontecimientos.

El IPCC considera muy probable la frecuencia incrementada de otros eventos extremos del estado del tiempo, tales como inundaciones y sequías[19]. Ciertos riesgos de salud se asocian a estos acontecimientos. Las inundaciones dan lugar inicialmente a lesiones traumáticas y pueden resultar en brotes de enfermedades bacterianas asociadas con fallas en sistemas sépticos, con reacciones al mojo y con la última extensión del agua contaminada en espacios de vivencia humana[20]. La pérdida de vidas en las regiones inundadas que siguieron al tsunami indonesio de 2004[21] y al huracán Katrina en 2005[22] es un recordatorio de la devastación asociada a la tormenta inicial.

---

17. McMichael, Woodruff y Hales, "Climate Change and Human Health".
18. McMichael, Woodruff y Hales, "Climate Change and Human Health"; John Knox, "Living in a Globally Warmed World", *Phi Kappa Phi Forum* 86 (2006): 11–16.
19. También ver Knox, "Living in a Globally Warmed World" para un resumen de las probabilidades asociadas a los cambios específicos en el clima global.
20. McMichael, Woodruff y Hales, "Climate Change and Human Health".
21. O. Morgan, M. Ahern y S. Cairncross, "Revisiting the Tsunami: Health Consequences of Flooding", *PloS Medicine* 2 (2005): 491–93.
22. J. Wilson, "Health and the Environment after Hurricane Katrina", *Annals of Internal Medicine* 144 (2006): 153–56.

Sin embargo, la subsiguiente pérdida de vida asociada a las enfermedades bacterianas (el cólera, la salmonelosis, etc.) por mucho tiempo luego de las tormentas iniciales demuestra los efectos de gran envergadura de un solo evento extremo del estado del tiempo.

La frecuencia y la extensión de las sequías en la década pasada han aumentado para ciertas regiones tropicales. Que el área de tierra afectada por las sequías continúe aumentando se considera probable por el IPCC. Los efectos directos de la sequía en la salud humana incluyen la carencia de agua, la contaminación del agua y el aumento subsecuente de enfermedades transmitidas por el agua. Además, la producción del alimento disminuirá debido a la degradación de la tierra.

Aunque el área de tierra afectada por sequías puede ser relativamente pequeña, un número significativo de gente vive en estos lugares propensos a sequías, así que un solo evento de sequía puede ser devastador. Por ejemplo, la sequía de 1990–1991 en África meridional puso a 40 millones de personas en riesgo de hambre[23]. La rápida respuesta de la Organización Mundial de la Salud (OMS) y de otras organizaciones de ayuda previno muchas muertes; sin embargo, si las sequías aumentan en frecuencia y extensión territorial, los recursos para tal respuesta de ayuda pueden agotarse.

---

23. WHO, "Using Climate to Predict Outbreaks: A Review", 2004, http://www.who.int/globalchange/publications/oeh0401/en/print.html.

Actualmente, la desnutrición representa el 10% de la enfermedad global, independientemente de los cambios climáticos proyectados. Así, a medida que la tierra continúe experimentando la degradación y las sequías aumentan de frecuencia, podemos contar con un aumento en la enfermedad global. Además de la desnutrición, la sequía tiene otros efectos en la salud. La enfermedad transmitida por mosquitos se incrementa a menudo por las lluvias que siguen a una sequía[24], y los incendios en las regiones propensas a sequías disminuyen la calidad del aire, aumentando así la frecuencia de enfermedades respiratorias.

El clima y los efectos mediados por el ecosistema sobre la salud humana

La relación entre el clima y la aparición estacional de enfermedades ha sido entendida por siglos. Los aristócratas romanos anticiparon la aparición estacional de la malaria y se retiraron a sus hogares en las colinas durante el verano. Los alimentos condimentados fuertemente con *curry* se convirtieron en la comida común para algunos pueblos de Asia del Sur durante la etapa más caliente del verano, cuando los alimentos eran más susceptibles a la contaminación bacteriana[25]. Y los ancianos navajos de la meseta de Colorado reconocieron que en los años siguientes a

---

24. Ibíd.
25. Patz, "Climate Change and Infectious Diseases".

las lluvias pesadas de la primavera (años de El Niño), el ratón (*Na'ats'oosi*) trajo una enfermedad (*ch'osh dooyet'iinii*) para el navajo joven (Hantavirus)[26]. Los estudios ecológicos y epidemiológicos han confirmado la correlación previamente observada entre los acontecimientos del clima y la salud, y los modelos permiten predecir con precisión la aparición de la enfermedad[27].

La transmisión de enfermedades depende de la dinámica de la población anfitrión (afectada a menudo por eventos del estado del tiempo) y otros factores ecológicos. Los patógenos y la población anfitrión cambian (crecen o declinan) en función de la temperatura o de la precipitación pluvial. Por ejemplo, luego de un año de El Niño, en 1993 se apareció el Síndrome Pulmonar por Hantavirus (SPH). Las lluvias en la meseta de Colorado aumentaron la productividad de las plantas y dieron lugar a una abundante cosecha de semillas. En la siguiente primavera la población de roedores aumentó debido al incremento de comida. Consecuentemente, los seres humanos estuvieron más en contacto con los roedores (y su orina), y se produjo un brote de SPH[28]. Estos ejemplos de los efectos del clima mediados por el ecosistema sobre la salud humana ilustran la complejidad de las

---

26. M. J. Walters, *Six Modern Plagues and How We are Causing Them* (Washington, D.C.: Island, 2003), 120.
27. WHO, "Using Climate to Predict Outbreaks: A Review".
28. G. E. Glass y otros, "Using Remotely Sensed Data to Identify Areas at Risk for Hantavirus Pulmonary Syndrome", *Emerging Infectious Diseases* 6 (2000): 238–47.

relaciones ecológicas que, si se perturban, pueden dar lugar a cambios en la transmisión de enfermedades.

La mayor parte de las respuestas mediadas por el ecosistema pueden estar relacionadas con el aumento de la temperatura global (de la superficie terrestre y del océano). Las temperaturas superficiales globales se han incrementado 0.74 °C en los últimos 100 años[29], y las temperaturas del océano también se han elevado[30]. No todos los efectos del incremento en la temperatura superficial son negativos. De hecho, en las altas latitudes la extensión de la temporada de cultivo puede aumentar la producción de alimentos. Sin embargo con el incremento de la productividad de plantas se espera que se aumenten los problemas de alérgenos transmitidos por el aire[31]. Mientras que la producción de alimentos puede aumentar para algunas regiones, se espera que la mayoría del mundo experimente los riesgos de salud asociados a temperaturas superficiales crecientes. La actual evidencia ecológica y epidemiológica indica una amplificación del rango de vectores artrópodos (sobre todo los mosquitos) que transmiten enfermedades y de patógenos que causan diarrea.

Las enfermedades transmitidas por vectores demuestran patrones estacionales porque los vectores

---

29. Ver el capitulo de D. Allen en este volumen para una explicación de los datos del clima y de las interpretaciones aceptadas.
30. El consenso no es tan fuerte en cuanto al incremento de la temperatura del océano; sin embargo, el informe del IPCC de 2007 afirma con alta confianza (una probabilidad de 8 de entre 10 ocasiones) que los cambios en los sistemas marinas están relacionados con una elevación en las temperaturas del océano (IPCC, *Cambio climático*).
31. McMichael, Woodruff y Hales, "Climate Change and Human Health".

tienen respuestas medibles a los cambios de temperatura y precipitación pluvial. La supervivencia de los vectores, su reproducción y su rango pueden incrementarse con el aumento de la temperatura en las latitudes del norte o en las altitudes más elevadas[32], y con el aumento de precipitación pluvial se extiende más el hábitat viable para los vectores. Los patógenos transportados por vectores también responden al aumento de temperatura, a menudo alterando las estaciones de transmisión, distribución y réplica[33].

La malaria es una enfermedad que se transmite por el vector del mosquito, y es evitable y tratable. Cuarenta por ciento de la población humana global está actualmente en riesgo de adquirir malaria; 500 millones de personas se diagnostican cada año con la enfermedad, y un millón por año mueren (sobre todo los niños)[34]. Aunque esta enfermedad es evitable, la mayor parte de la gente que vive en regiones endémicas no tiene acceso a los mosquiteros, las medicinas u otros medios de protección y tratamiento a menudo disponibles para la gente en países desarrollados.

Las poblaciones en mayor riesgo de complicaciones severas por malaria son las que se han mantenido fuera del alcance de los mosquitos. Estas poblaciones no han tenido ninguna exposición anterior a la malaria, y no han adquirido inmunidad por lo que se

---

32. Patz y otros, "Climate Change and Infectious Diseases".
33. La biología de los mosquitos es muy específica, pero en general las temperaturas más calientes facilitan su reproducción y su gran expansión.
34. Nota informativa de la OMS sobre la malaria.

encuentran en mayor riesgo de que aparezcan epidemias de la enfermedad. Conforme aumenta la temperatura global, se espera que los mosquitos amplíen su alcance. Ya se han reportado epidemias en lugares de gran altitud que antes no se pensaba adecuados para ese vector[35]. Otras enfermedades transmitidas por mosquitos que se espera que incrementen su alcance y su frecuencia epidémica son la fiebre amarilla, la fiebre hemorrágica del dengue, la encefalitis japonesa, la encefalitis de St. Louis y el virus del Nilo Occidental.

Los patógenos bacterianos proliferan en temperaturas calientes y se espera que lleguen a ser más problemáticos a media que las temperaturas de la superficie terrestre y del océano continúen aumentando. Hay una relación bien documentada entre las epidemias del cólera y el clima.

El cólera es una infección bacteriana adquirida por la ingestión de alimentos o agua contaminados. La infección produce diarrea severa y puede ser fatal en algunos días si no se recibe tratamiento para la deshidratación. El cólera es pandémico y exhibe apariciones estacionales asociadas a las corrientes calientes del océano, por ejemplo los eventos de El Niño[36]. La bacteria del cólera prolifera en las

---

35. G. D. Shanks y otros, "Meteorologic Influences on *Plasmodium falciparum* Malaria in the Highland Tea Estates of Kericho, Western Kenya", *Emerging Infectious Diseases* 8 (2002): 1404–08; F. Checchi y otros, "Malaria Epidemics and Interventions, Kenya, Burundi, Southern Sudan, and Ethiopia, 1999–2004", *Emerging Infectious Diseases* 12 (2006): 1477–85.
36. R. A. Long y otros, "Antagonistic Interactions Among Marine Bacteria Impede the Proliferation of *Vibrio cholerae*", *Applied and Environmental Microbiology* 71 (2005): 8531–36.

partículas del plancton[37], y la bacteria a menudo alcanza abundancia suficientemente alta para que una sola partícula del plancton sea contagiosa para una persona. Las aguas calientes realzan el crecimiento del fitoplancton y del zooplancton, aumentando así el substrato disponible para que el cólera se reproduzca.

El cólera surge típicamente en regiones menos desarrolladas donde hay poco acceso al saneamiento, y las apariciones pueden tener efectos devastadores en la salud de tales regiones. Por ejemplo, entre el 21 de abril y el 18 de junio de 2006, hubo alrededor de 2000 casos y 77 muertes fueron causadas por una epidemia de cólera en el Sudán del Norte[38].

El aumento de las temperaturas superficiales y oceánicas tiene otras implicaciones para la salud humana debido al impacto en los procesos ecológicos más allá de las implicadas en la transmisión de enfermedades. La temperatura desempeña un papel muy importante en los ciclos y la fotosíntesis (la productividad) de las plantas. El IPCC asigna una muy alta confianza al probable cambio en la sincronización de los eventos de la primavera y al incremento de los rangos de alcance de especies a las latitudes del norte. Si la sincronización de la floración no corresponde a

---

37. El *plancton* es un término que describe las partículas que flotan libremente. Estas partículas son con frecuencia algas/planta (fitoplancton) o animal (zooplancton). Las bacterias del cólera se fijan al fito o zooplancton para reproducirse.
38. WHO, "Cholera in Sudan – update 4", Global Alert and Response, http://www.who.int/csr/don/2006_06_21a/en/index.html.

la sincronización de la migración de los polinizadores, podría haber fracasos significativos en la producción de alimentos[39].

La productividad de las plantas puede incrementarse así como aumenta la temperatura[40]; sin embargo, hay un punto donde la creciente productividad puede ser perjudicial para los ecosistemas acuáticos. Con el incremento de la productividad de las plantas, los organismos que las descomponen consumen el oxígeno hasta que el ambiente llegue a ser anaeróbico[41]. En este punto, los organismos dependientes de oxígeno que se nutren en un nivel más alta de la cadena alimentaria se pierden. Debido a que la fotosíntesis proporciona la energía en la base de la cadena alimentaria, cualquier cosa que afecte la productividad puede afectar en última instancia todas las relaciones a lo largo de la cadena. Los cambios en la productividad y los rangos de algas y de fitoplancton han estado implicados en la declinación de la industria pesquera y la subsiguiente escasez de alimentos.

---

39. Este fenómeno se aplica a los cultivos domesticados y a las fuentes naturales de alimentos (es decir, semillas). Los cambios en la disponibilidad de las fuentes naturales de alimentos tendrán un efecto en muchas poblaciones de pájaros y de mamíferos que sirven como depósitos de la enfermedad. Mientras que las semillas aumentan en abundancia, los depósitos vertebrados aumentan en número. Además, la producción doméstica de alimentos depende de polinizadores naturales; por lo tanto, las cambios en el tiempo de floración podían en última instancia tener un efecto en la producción de alimentos.
40. La relación entre la fotosíntesis y la temperatura depende de la especie. Algunas especies son mucho más tolerantes a los cambios en temperatura que otras especies.
41. Este proceso se denomina *eutrofización*.

El clima y el impacto indirecto en la salud humana

Los efectos indirectos del cambio climático en la salud están relacionados necesariamente con los efectos directos y los mediados por el ecosistema; sin embargo, aquí nos referimos específicamente a los efectos indirectos del desplazamiento de poblaciones como resultado de impactos directos y los mediados por el ecosistema.

El cambio climático afecta indirectamente a la salud cuando las poblaciones se desplazan debido a los cambios en la distribución de las tierras agrícolas productivas, y a menudo da lugar a la desnutrición y a otras enfermedades infecciosas. El desplazamiento de poblaciones tiene muchas causas, tanto sociales (por ejemplo, conflictos) como ecológicas. Muchas de las causas relacionadas al clima ya se han mencionado: eventos extremos del estado del tiempo tales como inundaciones y sequías y los cambios en la productividad agrícola.

La elevación del nivel del mar es otro evento climático que desplaza números significativos de gente. El grado de la elevación del nivel del mar está en discusión[42]; sin embargo, si ocurre afectará a algunos de los pueblos más pobres y más densamente poblados del mundo. El informe del IPCC de 2007 afirma que la elevación del nivel del mar es probable y que los resultados incluirán

---

42. Knox, "Living in a Globally Warmed World".

la salinización del agua de riego, la disminución de la disponibilidad de agua dulce, mayor riesgo de muertes por ahogamientos y riesgos significativos relacionados con la salud de la población migrante.

El tsunami indonesio de 2004 afectó a 2 mil millones de personas y desplazó a 1 millón[43]. Las poblaciones desplazadas están en creciente riesgo de infecciones bacterianas (por ejemplo, el cólera, la salmonelosis), la desnutrición por falta de proteína energética[44], la deshidratación debida a la carencia de agua potable y las lesiones traumáticas. En 2005, se desplazaron 11 millones de refugiados, y la mayor parte de los cuales fueron mujeres[45]. La salud de las mujeres está comprometida todavía más debido a la creciente probabilidad de violencia, explotación y tráfico sexual.

Más allá de las preocupaciones inmediatas de la salud que surgen del cambio climático, los relacionados cambios ambientales pueden llevar a que la gente sufra de angustia y depresión emocionales. Al resultar el cambio climático en eventos extremos del estado del tiempo con mayor frecuencia, en cambios en la producción de alimentos y en una posible elevación del nivel del mar, cada vez más poblaciones se desplazarán. Esto resultará en cambios significativos en la carga global de enfermedades.

---

43. Fondo de Población de las Naciones Unidas (UNFPA), "Estado de la población mundial 2005", http://www.unfpa.org/swp/2005/index_spa.htm.
44. La desnutrición por falta de proteína energética es una de las principales causas de la mortalidad infantil.
45. UNFPA, "Estado de la población mundial 2005".

Nuestra respuesta

El debate sobre el cambio climático se ha extendido por casi dos décadas. El Programa de las Naciones Unidas para el Medio Ambiente y la Organización Meteorológica Mundial establecieron en 1988 el IPCC (Grupo Intergubernamental de Expertos sobre el Cambio Climático) en un momento en que se elevó la temperatura global anual agudamente. Este grupo ha publicado informes en 1992, 1996, 2001, 2003 y 2007. Cada informe, basado en un constante incremento de literatura científica, hizo sugerencias a los políticos y a los científicos sobre cómo establecer las prioridades para una respuesta.

Actualmente, poco se discute si el clima está cambiando, sin embargo la discusión continúa acerca de la causa y la respuesta apropiada. Los argumentos acerca del grado de contribución antropogénica y las emisiones de GEI continúan retardando cualquier respuesta al incremento de la temperatura global. La relación entre los GEI y el cambio climático está establecida, así que ¿por qué debemos esperar a que se resuelva la discusión antes de que empecemos a actuar?

Sin tener en cuenta a quién culpamos, está dentro de nuestras posibilidades responder al aumento de la temperatura global. Podemos cambiar nuestros patrones de consumo y reducir nuestras emisiones. La proporción más pequeña de la población mundial acumula la mayor porción de la riqueza, consume la mayoría de los recursos y contribuye más a las emisiones de GEI.

A medida que los ricos continúan incrementando su uso de recursos naturales y de manera concurrente aumentan sus contribuciones a los desperdicios globales, los pobres siguen luchando. Debido a la globalización, las tasas de consumo han aumentado incluso en algunos países en vías de desarrollo. Ciertamente cada uno necesitará reducir sus patrones de consumo; sin embargo, los más desarrollados tienen la capacidad de realizar el mayor cambio en el uso de los recursos[46].

Los impactos negativos del cambio climático en la salud serán más grandes en algunas de las regiones más pobres del mundo. Hay muchas poblaciones que son extremadamente vulnerables a los efectos del cambio climático. Esta vulnerabilidad está ligada a la ubicación de la población (o sea, la ecología), a la actual infraestructura (acceso al saneamiento y a la asistencia médica), a la disponibilidad de agua limpia, a la confiabilidad de la producción de alimentos y a muchos otros factores sociales.

Si una comunidad está sufriendo ya de la desnutrición o de brotes de enfermedades bacterianas debido a la carencia de saneamiento y de agua limpia, un evento extremo del estado del tiempo o cambios en enfermedades mediadas por el ecosistema tendrán resultados devastadores. Si el cambio climático facilita el crecimiento de la población de vectores y patógenos y la expansión de sus rangos, estas comunidades

---

46. N. Robins, "Making Sustainability Bite: Transforming Global Consumption Patterns", *Journal of Sustainable Product Design* (julio 1999): 7–16.

vulnerables sucumbirán a la creciente frecuencia de enfermedades.

La creación está sufriendo (Ro 8:19–22) y por consecuencia mucha gente sufre debido a las enfermedades, la carencia de agua y la pérdida de cosechas. Mientras que puede haber desacuerdo sobre el papel que los seres humanos desempeñamos en la degradación ambiental, está claro que podemos cambiar nuestro comportamiento a fin de aliviar el sufrimiento para muchos. Hemos sido llamados a amar a nuestro prójimo, pero todavía consumimos recursos en cantidades que son insostenibles. Esto tiene consecuencias inmediatas para nuestros prójimos que viven en países en vías de desarrollo y consecuencias duraderas para nuestros prójimos futuros.

Cambio climático:
Problema global, soluciones globales[1]

Noah J. Toly

Introducción

El cambio climático es un problema global que requiere una solución global. Sus causas y consecuencias son difusas y no distribuidas equitativamente. La respuesta global trae el desafío de coordinar la acción colectiva de principios operacionales de justicia ambiental, incluyendo la equidad entre generaciones. Este capítulo examina la naturaleza global del problema y la respuesta global a la crisis y evalúa brevemente la respuesta en términos de justicia ambiental.

---

1. Porciones de este capítulo representan el material actualizado y revisado presentado primero en Noah J. Toly, "Changing the Climate of Christian Internationalism: Global Warming and Human Suffering", *The Brandywine Review of Faith and International Affairs* 2, no. 2 (2004): 31–37. Se imprime aquí con el permiso del mismo (www.cfia.org).

Cambio climático: Un problema global

Dada su cercana sinonimia con el calentamiento global, es casi de más aseverar que el cambio climático sea un problema global en el sentido más obvio para el que la palabra "global" es utilizada. Las causas y las consecuencias de la crisis superan los límites del tiempo y del espacio, atravesando tanto las generaciones como las naciones. Al mismo tiempo, la naturaleza global de la crisis, especialmente la distribución de responsabilidad y de vulnerabilidad, afecta profundamente las respuestas globales.

Causas globales

Mientras que recientemente ha emergido la evidencia del cambio climático contemporáneo, el fenómeno ha dejado de ser original. Los expedientes y las reconstrucciones indican cambios dramáticos previos en la temperatura superficial media global, que estuvieron acompañados por cambios climáticos regionales y locales[2]. Los cambios preindustriales se han atribuido a varias causas naturales, incluyendo cambios leves en la órbita de la Tierra, variabilidad en la irradiación solar, cambios en la reflectividad del planeta y la actividad volcánica[3]. Los fenómenos

---

2. P. D. Jones, T. J. Osborn y K. R. Briffa, "The Evolution of Climate Over the Last Millenium", *Science* 292 (27 abril 2001): 662–67; Michael E. Mann, Raymond S. Bradley y Malcolm K. Hughes, "Global-Scale Temperature Patterns and Climate Forcing Over the Past Six Centuries", *Nature* 392 (23 abril 1998): 779–87.
3. Thomas J. Crowley, "Causes of Climate Change Over the Past 1000 Years", *Science* 289 (14 julio 2000): 270–77.

contemporáneos del calentamiento global y del cambio climático se distinguen de los anteriores por el comienzo súbito, el creciente impacto sobre las poblaciones humanas y la "antropogénesis", el origen humano de la crisis en sí.

La evidencia de que la Tierra se está calentando es aplastante. En el siglo xx y el inicio del siglo xxi se ha visto un incremento de 0.74 °C en la temperatura superficial media global de la Tierra, una medida del incremento de energía que contribuirá probablemente a las desviaciones de los patrones normales del estado del tiempo a través del globo[4]. Es decir, las desviaciones de la norma variarán de leves a dramáticas en un cierto tiempo y espacio[5]. Las diferencias en temperatura son mayores en la noche, cerca de los extremos polares, sobre la tierra y en el invierno.

Las diferencias en el clima son considerablemente más variables que en la temperatura: las proyecciones sugieren que el atrapar más energía en la atmósfera producirá unos lugares más fríos y otros más calientes, algunos más húmedos y otros más secos. Muchos eruditos sugieren que los inicios de tales patrones, y no solamente el incremento en la temperatura superficial media global, son ya observables.

---

4. IPCC (Grupo Intergubernamental de Expertos sobre el Cambio Climático), "Resumen para responsables de políticas", en *Cambio climático 2007: Base de las ciencias físicas. Contribución del Grupo de trabajo I al Cuarto Informe de Evaluación del IPCC* (Ginebra: IPCC, 2007); Thomas R. Karl y Kevin E. Trenberth, "Modern Global Climate Change", *Science* 302 (5 diciembre 2003): 1719-23.

5. IPCC, *Cambio climático 2007: Base de las ciencias físicas. Contribución del Grupo de trabajo I al Cuarto Informe de Evaluación del IPCC* (Ginebra: IPCC, 2007).

Con todo, mientras que la existencia del cambio climático en sí es indiscutible, sus causas continúan siendo fuertemente discutidas. Una porción muy pequeña de la comunidad científica sostiene que el fenómeno es sobre todo natural en origen. Estas voces nunca eligen discutir los orígenes humanos del calentamiento global.

Sin embargo, la mayor parte de opiniones y evidencias científicas implican contribuciones humanas significativas en el cambio climático. Desde la aparición del cambio climático como campo de investigación legítimo, se ha recogido evidencia convincente que sustenta la noción de antropogénesis[6]. Los modelos que incluyen solamente causas naturales no pueden explicar los cambios observados en la temperatura superficial media global. Los modelos que incluyen únicamente factores antropogénicos se aproximan a las temperaturas observadas, pero no son perfectas. Sin embargo, los modelos que toman en cuenta causas naturales y sociales coinciden extremadamente bien con las temperaturas y tendencias observadas[7].

El IPCC (Grupo Intergubernamental de Expertos sobre el Cambio Climático)[8], una comunidad

---

6. Para una interesante y accesible historia de la ciencia de cambio climático, ver Spencer R. Weart, *El calentamiento global: Historia de un descubrimiento científico* (Pamplona: Laetoli, 2006).
7. IPCC, "Resumen para responsables de políticas", en *Cambio climático 2007: Base de las ciencias físicas*; Peter A. Stott y otros, "External Control of 20th Century Temperature by Natural and Anthropogenic Forcings", *Science* 290 (2000): 2133–37.
8. El IPCC fue fundado en 1988 como un esfuerzo común del Programa del Medio Ambiente de Naciones Unidas y de la Organización Meteorológica Mundial.

científica internacional dedicada a entender los orígenes y las implicaciones del calentamiento global, lo atribuye a dos causas principales: el cambio en el uso del suelo y las crecientes emisiones de gases de efecto invernadero (GEI) provenientes de la combustión de combustibles fósiles, siendo la última la causa más significativa[9]. Las emisiones del carbón secuestrado, las alteraciones en la capacidad de secuestro de carbón, los cambios en la reflectividad del planeta y las modificaciones en la composición de la atmósfera han colocado al clima global en una trayectoria de cambio ambiental grave[10]. Las emisiones de GEI se consideran las más perniciosas de estas causas, y los totales actuales —naturales y antropogénicos combinados— exceden grandemente la capacidad limitada de la Tierra de absorber y de reciclar tales gases[11].

Las estimaciones de gases secuestrados en los núcleos de hielo taladrados y de otras fuentes de datos sobre el pasado histórico de la atmósfera detectaron los principios de concentraciones atmosféricas crecientes de GEI a mediados del siglo XVIII. Muchos estudiosos han observado que esto coincide con el principio de la revolución industrial, asociado comúnmente con la aparición del motor de vapor de James

---

9. IPCC, "Resumen para responsables de políticas", en *Cambio climático 2007: Base de las ciencias físicas.*
10. K. Hasselman y otros, "The Challenge of Long-Term Climate Change", *Science* 302 (23 diciembre 2003): 1923–25; IPCC, "Resumen para responsables de políticas", en *Cambio climático 2007: Base de las ciencias físicas*; Karl y Trenberth, "Modern Global Climate Change".
11. IPCC, "Resumen para responsables de políticas", en *Cambio climático 2007: Base de las ciencias físicas.*

Watt en 1784. Esto no es sin importancia para las interpretaciones y las acciones contemporáneas con respecto al cambio climático. Los GEI son duraderos en la atmósfera con períodos de vida de entre 12,000 y 50,000 años, y el bióxido de carbono ejerce los efectos de calentamiento por entre 250 y 400 años. Así, las emisiones de la revolución industrial aún están calentando la Tierra. Desde ese tiempo, el desarrollo industrial ha alcanzado niveles cada vez mayores de concentraciones de GEI.

Dada la larga experiencia industrial de los países desarrollados, el calentamiento causado por las emisiones en tales lugares es significativo. Considerando las emisiones históricas de los países desarrollados, es justo decir que una gran mayoría de la responsabilidad de aumentar las concentraciones atmosféricas de GEI cae sobre ellos. Incluso la rápida industrialización de países como China ha contribuido poco al problema con respecto a los países que han estado quemando cantidades grandes de combustibles fósiles desde finales de siglo XVIII y los inicios del siglo XIX. Y mientras que los países como China, India y Brasil emiten actualmente volúmenes significativos de GEI, los países nuevamente industrializados y los no industrializados contribuyen relativamente poco a las emisiones actuales y han contribuido en una fracción infinitesimal de las emisiones históricas. Así que mientras que las causas del cambio climático son globales no son distribuidas uniformemente.

Consecuencias globales

Como las causas del cambio climático son globales, las consecuencias también lo son. Y tampoco como las causas, las consecuencias no se distribuyen uniformemente. Con un calentamiento proyectado de 1.1–6.4 °C en las temperaturas superficiales medias globales durante el próximo siglo[12], los efectos nocivos anticipados del cambio climático son muchos[13]. Por ejemplo, el cambio climático causa la pérdida de la biodiversidad[14] y esta es considerada actualmente una de las causas primarias, si no la principal, de la extinción de especies[15]. Ha llevado a Norman Myers

---

12. Si las emisiones fueran estabilizadas a los niveles del año 2000 en este período, el IPCC estima un aumento en la temperatura superficial media global de 0.3–0.9 °C. Por supuesto, las emisiones exceden ya los niveles de 2000. Los otros panoramas del IPCC explican una gama de emisiones. Incluso el calentamiento de 2 °C sería equivalente a la diferencia entre el punto más frío de una edad de hielo y los períodos calientes que la preceden y suceden.

13. IPCC, "Resumen para responsables de políticas", en *Cambio climático 2007: Base de las ciencias físicas*; IPCC, "Resumen para responsables de políticas", en *Cambio climático 2007: Impacto, adaptación y vulnerabilidad. Contribución del Grupo de trabajo II al Cuarto Informe de Evaluación del IPCC* (Ginebra: IPCC, 2007); Karl y Trenberth, "Modern Global Climate Change".

14. IPCC, "Resumen para responsables de políticas", en *Cambio climático 2007: Impacto, adaptación*.

15. Michel Bakkenes y otros, "Assessing Effects of Forecasted Climate Change on the Diversity and Distribution of European Higher Plants for 2050", *Global Change Biology* 8 (2002): 390–407; Linda J. Beaumont y Lesley Hughes, "Potential Changes in the Distributions of Latitudinally Restricted Australian Butterfly Species in Response to Climate Change", *Global Change Biology* 8 (2002): 954–71; Barend F. N. Erasmus y otros, "Vulnerability of South African Animal Taxa to Climate Change", *Global Change Biology* 8 (2002): 679–93; Guy F. Midgley y otros, "Assessing the Vulnerability of Species to Anthropogenic Climate Change in a Biodiversity Hotspot", *Global Ecology and Biogeography* 11 (2002): 445–51; Camille Parmesan y Gary Yohe, "A Globally Coherent Fingerprint of Climate Change Impacts Across Natural Systems", *Nature* 421 (2003): 37–42; J. Alan Pounds, M. L. P. Fogden y J. H. Campbell, "Biological Response to Climate Change on a Tropical Mountain", *Nature* 398 (1999): 611–15; Terry L.

a denominarlo como el "holocausto biótico"[16], pues la propagación del clima templado de los polos ha alterado dramáticamente el hábitat en las latitudes extremadamente elevadas.

La pérdida de la biodiversidad inducida por el cambio climático también implica la pérdida de valores sociales. No simplemente estéticos, estos valores llevan implicaciones significativas para el sostenimiento de la vida y el sustento de millones de personas a través del globo. La integridad ecológica y la diversidad de ecosistemas, de especies y de recursos genéticos son de importancia central para el mantenimiento de los sistemas y de los procesos ecológicos de los cuales mucha gente depende directamente. Por ejemplo, el deterioro de los arrecifes coralinos debido incluso a los cambios de menor importancia en la temperatura del agua puede tener efectos dramáticos sobre las comunidades locales con dependencia significativa de los recursos marinos.

Además, la pérdida de la biodiversidad no es la única amenaza climática relacionada con los valores sociales. Otras incluyen la elevación del nivel del mar, crecientes oleadas de tormentas, intensidad y frecuencia crecientes de huracanes y tifones, y creciente severidad de las inundaciones y de las sequías[17]. La elevación del nivel

---

Root y otros, "Fingerprints of Global Warming on Wild Animals and Plants", *Nature* 421 (2003): 57–60; Chris D. Thomas y otros, "Extinction Risk from Climate Change", *Nature* 427 (2004): 145–48.

16. Norman Myers, "Biotic Holocaust", *National Wildlife Federation* (marzo-abril 1999): 31–39.

17. IPCC, "Resumen para responsables de políticas", en *Cambio climático*

del mar amenaza con inundar más del 10% de Bangladesh, un país densamente poblado con 133 millones de personas, durante los próximos 100 años[18].

El sufrimiento humano inducido por el cambio climático no es necesariamente un problema remoto del siglo XXII. En muchas partes del mundo, los efectos del cambio climático ya están dando por resultado realidades duras. Por ejemplo, los residentes de Malasiga, de Papúa Nueva Guinea y de partes de Bangladesh se encuentran desplazados por la subida de las mareas[19]. La elevación del nivel del mar también ha hecho refugiados ambientales de los ciudadanos de Tuvalu, un pequeño isla-estado en el Pacífico del sur, que se están retirando de su patria y buscando asilo seguro y ciudadanía en Nueva Zelanda[20]. Tales islas han formado la alianza de los pequeños isla-estados (AOSIS)[21], la cual ha tenido una contribución significativa en las

---

2007: Base de las ciencias físicas; IPCC, "Resumen para responsables de políticas", en *Cambio climático 2007: Impacto, adaptación*.

18. IPCC, *Climate Change 1995: The Science of Climate Change* (Cambridge: Cambridge UP, 1996).

19. Laurie Goering, "The First Refugees of Global Warming", *Chicago Tribune*, 2 mayo 2007, sec. 1; Evan Osnos, "The Ocean is Slowly Claiming Malasiga. They say it's Global Warming", *Chicago Tribune*, 20 agosto 2006, sec. 1.

20. Leslie Allen, "Will Tuvalu Disappear Beneath the Sea? Global Warming Threatens to Swamp a Small Island Nation", *Smithsonian* (agosto 2004): 44–52; Reuters News Service, "Tuvalu Seeks Help in U.S. Global Warming Suit", 30 agosto 2002.

21. AOSIS es una red que representa los intereses de más de cuarenta y tres estados y observadores, muchos de los cuales comparten vulnerabilidades básicas relacionadas con el clima si no también las responsabilidades correspondientes. Mientras que los estados de islas pequeñas en vías de desarrollo componen la mayoría de la membresía, AOSIS también cuenta con miembros que no son estados, los que no son islas pequeñas, y los que no están en vías de desarrollo.

negociaciones internacionales de política del clima. El desplazamiento potencial es una de las principales preocupaciones del grupo.

El actual sufrimiento humano generado por el cambio climático va más allá de las dificultades del desplazamiento. Las investigaciones recientes atribuyen más de 160,000 muertes por año —sobre todo de niños pobres en África, Asia y América Latina— a causas relacionadas con el cambio climático, incluyendo pero no limitándose al extremo estado del tiempo y la extensión hacia los polos de las enfermedades típicamente tropicales[22]. Un estudio del Centro para la Salud y el Medio Ambiente Global de la escuela de medicina de Harvard observó la posibilidad debido al cambio climático de que se incremente la incidencia de la malaria, de la enfermedad de Lyme, del virus del Nilo Occidental y del asma, entre otras enfermedades

---

22. World Health Organization (WHO), *Climate Change and Human Health: Risks and Responses* (Geneva: WHO, 2003). Para una posición contraria, ver Robert E. Davis y otros, "Seasonality of Climate-Human Mortality Relationships in US Cities and Impacts of Climate Change", *Climate Research* 26 (19 abril 2004): 61–76. Este artículo ha recibido mucha publicidad por sus estimaciones muy bajas de los aumentos marginales proyectados de la mortalidad en las ciudades de Estados Unidos de América debido al creciente calor. Los autores observan que los aumentos marginales en mortalidad durante las olas de calor del verano se pueden compensar por disminuciones marginales de la mortalidad relacionada a la exposición durante los meses del invierno. Sin embargo, los autores examinaron solamente los efectos del creciente calor en las ciudades de Estados Unidos, donde aunque no es universal el aire acondicionado es más que ubicuo. Los autores no atienden a la relación entre el uso de la energía y el cambio climático. Ni tratan los efectos del calor extremo en las comunidades menos pudientes, otros ejemplos de estados de tiempo extremo u otros fenómenos relacionados con el calentamiento, tales como la subida del nivel del mar.

y condiciones[23]. Estas preocupaciones son acompañadas por las de la intensidad extrema frecuente del estado del tiempo, tales como las inundaciones, las sequías y las olas de calor, para hacer del cambio climático uno de los riesgos de salud pública más significativos que enfrenta el mundo hoy.

Muchos creen que el cambio climático estará también relacionado con el creciente sufrimiento humano. En 2003, un estudio comisionado por el Pentágono indicó que el desplazamiento causado por el cambio climático puede ser una amenaza significativa para la seguridad en un futuro próximo[24]. El Consejo de Seguridad de las Naciones Unidas celebró reuniones con respecto al cambio climático unos días después de que un panel de generales y almirantes militares jubilados de Estados Unidos lanzaron un informe sobre "seguridad nacional y la amenaza del cambio climático"[25]. Estos informes sugieren que la inestabilidad significativa de la seguridad y del desarrollo está relacionada al cambio climático.

Notablemente, las consecuencias del cambio climático amenazan a las poblaciones pobres y las generaciones futuras en medida desproporcionada a sus emisiones de GEI, demostrando la distribución

---

23. Center for Health and the Global Environment, *Climate Change Futures: Health, Ecological, and Economic Dimensions* (Cambridge, MA: Harvard Medical School, 2005).
24. Peter Schwartz y Doug Randall, *An Abrupt Climate Change Scenario and its Implications for United States National Security* (Washington, D.C.: Global Business Network, 2003).
25. Military Advisory Board, "National Security and the Threat of Climate Change", CNA Corporation, 2006, http://www.cna.org/reports/climate.

geográfica y temporal desigual de los efectos perniciosos del cambio climático[26]. Las poblaciones ricas de hoy producen más emisiones de GEI mientras la consiguiente carga del sufrimiento humano es llevada por los pobres de hoy y las generaciones futuras.

A pesar de que los países desarrollados son menos vulnerables y pueden adaptarse más, no siempre podrán escapar de este sufrimiento. Algunas consecuencias ya se evidencian. El verano del 2003 en Europa, por ejemplo, fue el más caliente desde el siglo xiv, y más de 19,000 muertes en el continente fueron atribuidas, por lo menos en parte, al calor opresivo[27]. Las temperaturas del verano excedieron las temperaturas medias del verano del período de 1901–1995 por 6.0 °C. Mientras que ningún evento aislado del estado del tiempo se puede atribuir al calentamiento global, esta ola de calor del verano era coherente con los patrones predichos del cambio climático

---

26. Anil Agarwal y Sunita Narain, *Global Warming in an Unequal World: A Case of Environmental Colonialism* (Nueva Delhi: Centre of Science and Environment, 1991); Anil Agarwal, Sunita Narain y Anju Sharma, "The Global Commons and Environmental Justice-Climate Change", en *Environmental Justice: Discourses in International Political Economy*, eds. John Byrne, Leigh Glover y Cecilia Martinez (New Brunswick, NJ: Transaction Books, 2002), 171–99; IPCC, "Resumen para responsables de políticas", en *Cambio climático 2007: Base de las ciencias físicas*; IPCC, "Resumen para responsables de políticas", en *Cambio climático 2007: Impacto, adaptación*; M. Monirul Qader Mirza, "Climate Change and Extreme Weather Events: Can Developing Countries Adapt", *Climate Policy* 3 (2003): 233–48; J. Timmons Roberts y Bradley C. Parks, *A Climate of Injustice: Global Inequality, North-South Politics, and Climate Policy*. Global Environmental Accord: Strategies for Sustainability and Institutional Innovation, ed. Nazli Choucri (Cambridge, MA: MIT, 2007), 404.
27. Jurg Luterbacher y otros, "European Seasonal and Annual Temperature Variability, Trends, and Extremes since 1500", *Science* 303 (5 marzo 2004): 1499–1503.

global. Mientras tanto, las temperaturas medias de los inviernos europeos en las últimas tres décadas han sido las más calientes desde la aparición de las lecturas instrumentales en 1750. El análisis análogo de la ola de calor de la Universidad de Harvard sugiere que un acontecimiento en Estados Unidos similar a la ola de calor de Europa en 2003 daría lugar probablemente a más de 3000 muertes en la ciudad de Nueva York solamente[28].

Los mayores contaminadores no se salvarán de la incertidumbre del cambio climático y sus efectos dañinos. Pero de preocupación especial es (o debe ser) el hecho de que el calentamiento global victimice a poblaciones ya vulnerables más rápida y más intensamente. La capacidad de adaptación al calentamiento global se distribuye irregularmente alrededor del globo, lo que exacerba las desigualdades globales en el sufrimiento humano. La capacidad para la adaptación es generalmente una función de la riqueza y de la geografía[29].

---

28. Center for Health and the Global Environment, *Climate Change Futures*.
29. Adil Najam, Huq Saleemul y Youba Sokona, "Climate Negotiations Beyond Kyoto: Developing Countries Concerns and Interests", *Climate Policy* 3 (2003): 221-31. Algunos citan esta relación en apoyo al statu quo político-económico, sugiriendo que debemos prestar menos atención a la atenuación del cambio climático y más atención al incremento de la riqueza, o que el decrecimiento de las emisiones de GEI destruirá las oportunidades de la creación de riqueza (y, por extensión, el fortalecimiento de las capacidades para adaptarse) para los más vulnerables. Aquí el discurso del cambio climático se intersecta con la economía política, iniciando la cuestión de la producción de la vulnerabilidad. Si se entiende nuestro sistema actual político-económico y el régimen de energía como cómplices en la producción de la vulnerabilidad y de la marginalización —sin mencionar el cambio climático en sí— se puede esperar que el statu quo solo perpetuará, si no empeorará, la producción de la vulnerabilidad.

Qader Mirza ha observado que los mecanismos de la política diseñados para el incremento de inversión global en el desarrollo de capacidades para la adaptación se centran actualmente en el aumento de la capacidad de los países en vías de desarrollo para la recuperación de desastres relacionados con el clima, antes que en la adaptación a los peligros potenciales del medio ambiente[30]. Los críticos han sugerido que estos regímenes de la inversión para la adaptación no tratan la magnitud cada vez mayor de vulnerabilidad económica y social debida a la deuda contraída en tal esfuerzo de recuperación. En este respecto, una preocupación por la adaptación quizás puede intensificar las injusticias ya significativas en la distribución de los efectos del cambio climático y el sufrimiento humano causado por ellos.

Soluciones globales

Un problema tal como el cambio climático, con causas y consecuencias globales, exige una solución global. La promoción de un futuro estable en lo climático exige la acción colectiva y coordinada. Aparte de la coordinación, es dudoso que tal acción colectiva inicie pronto, incluya actores suficientes y un porcentaje suficiente de emisiones globales o tenga metas suficientemente grandes como para evitar efectos nocivos de largo plazo.

---

30. Qader Mirza, "Climate Change and Extreme Weather Events".

El Protocolo de Kyoto

Los esfuerzos del perfil más alto en tal coordinación comenzaron en la Conferencia de las Naciones Unidas sobre el Medio Ambiente y el Desarrollo (UNCED) en Río de Janeiro, Brasil, en 1992. Cinco documentos emergieron de la "Cumbre de la Tierra", como se denominó la UNCED. Estos incluyeron el Programa 21, la Declaración de Río sobre el Medio Ambiente y el Desarrollo y una declaración de los principios que guiarían la gestión y la conservación de los bosques, así también como la Convención sobre la Diversidad Biológica (CBD) y la Convención Marco sobre el Cambio Climático (UNFCCC). El CBD y el UNFCCC estuvieron abiertos para firmarse en la Cumbre de la Tierra, y el UNFCCC ha disfrutado de la participación casi universal.

El punto culminante de la convención ha sido la aparición del Protocolo de Kyoto — abierto para firmarse en 1997 en la Tercera Conferencia de las Partes del UNFCCC (COP-3) e puesto en vigor en 2005, sobre el cumplimiento del criterio de 55/55[31]—, uno de los tratados internacionales más ambiciosos de la historia. Kyoto representó un segundo esfuerzo internacional bajo auspicios de la norma de la participación universal, organizada según el principio de "los países desarrollados actúan primero" por el protocolo

---

31. 55/55 se refiere a la ratificación del Protocolo de por lo menos el 55% de signatarios al UNFCCC y la representación por lo menos del 55% de emisiones globales de esos signatarios.

de Montreal[32]. Adoptando un principio de responsabilidades compartidas pero diferenciadas, el Protocolo fija el alcance de emisiones para treinta y nueve naciones industrializadas durante su primer período presupuestario, 2008–2012. Otros países están exentos de objetivos de emisiones durante este período presupuestario inicial, pero se les asignarán objetivos posteriormente en un segundo período[33]. Sin embargo, la disminución acumulativa de emisiones de acuerdo con el objetivo del Protocolo constituía una reducción de 5.2% en las emisiones entre las naciones incluidas en el Anexo B antes de 2010, un retroceso en la indicación del IPCC de que serían requeridas reducciones del 60% de los niveles globales de 1990 para estabilizar los niveles sostenibles de las concentraciones atmosféricas de GEI[34].

Haciendo frente a las perspectivas incluso de las reducciones mínimas de las emisiones, los negociadores en la Sexta Conferencia de las Partes (COP-6) en

---

32. Matthew J. Hoffmann, *Ozone Depletion and Climate Change: Constructing a Global Response* (Nueva York: State University of New York Press, 2005); ídem., "My Norm is Better than Your Norm: Contestation and Norm Dynamics", ponencia presentada en la reunión de la International Studies Association 48th Annual Convention, Chicago, 28 febrero–3 marzo 2007.

33. El grupo de trabajo ad hoc del Protocolo está negociando actualmente las fundaciones por los períodos presupuestarios futuros, discutiendo la sincronización y la determinación de las metas de las emisiones.

34. IPCC, *Cambio climático 2001: Impactos, adaptación y vulnerabilidad* (Cambridge: Cambridge UP, 2001); ídem., *Cambio climático 2001: La base científica*, eds. J. T. Houghton y otros (Nueva York: Cambridge UP, 2001). El IPCC estima límites de concentraciones atmosféricas de CO_2 en 450ppm, un nivel ahora extensamente considerado fuera del alcance. Estudios más recientes por el IPCC y otros han analizado los efectos de concentraciones de 550ppm, 650ppm, 750ppm y más alto, y las reducciones de emisiones necesarias para estabilizarse en incluso estas concentraciones extremas.

2000 desarrollaron los mecanismos de flexibilidad del protocolo, maniobras políticas diseñadas para limitar la necesidad de las reducciones domésticas de las emisiones a favor de la acción mancomunada. Entre estos mecanismos de flexibilidad está el "comercio de emisiones". Descrito a menudo como "aire caliente", el comercio de las emisiones es el mecanismo por el cual los países que han alcanzado las reducciones de emisiones superiores a sus metas pueden vender la diferencia a los países que prefieren no alcanzar sus reducciones de emisiones por medio de acción doméstica.

La mayoría de este "aire caliente" sería proporcionada notablemente por los países de Europa Oriental y de la antigua Unión Soviética, reducciones las cuales se han alcanzado debido a la recesión económica. Tales reducciones en la intensidad de las emisiones no son social ni ambientalmente sostenibles y se desaparecerán con la recuperación económica. Esto sugiere que si el comercio de emisiones es un mecanismo viable de flexibilidad, entonces las Partes del Protocolo deben considerar limitar su uso a los casos en los cuales las emisiones han disminuido debido a esfuerzos concertados en la eficacia, la conservación o la sustitución de combustibles no basados en el carbón.

También entre los mecanismos de flexibilidad está la aplicación conjunta (AC) y el mecanismo de desarrollo limpio (MDL). La AC representa un desarrollo de energía o el llevar a cabo un proyecto de secuestración de GEI por un país con metas de emisiones en otro país con metas, a cambio de los créditos equivalentes a la diferencia entre el estado de normalidad ("Business-As-Usual", BAU por sus siglas en inglés) y las emisiones actuales. Por ejemplo, Alemania puede recibir el crédito para un proyecto de energía renovable o de repoblación forestal llevado a cabo en Francia. MDL, por otra parte, representa un intercambio entre un país con una meta asignada y un país sin tal meta. En este caso, por ejemplo, Alemania podría recibir el crédito para un proyecto de energía renovable o de repoblación forestal llevado a cabo en México.

Las Partes también han incluido los "sumideros de carbono" (depósitos naturales o artificiales que acumulan y secuestran el carbono) tales como los bosques —los cuales representan la capacidad ya existente para secuestrar el carbono— al calcular las emisiones domésticas, así reduciendo los requisitos de la reducción de emisiones de muchas naciones de los anexos I y B. Como parte de los mecanismos del Protocolo, los sumideros efectivamente reducen las metas asignadas ya que representan el statu quo en lugar de cualquier diferencia de los niveles de 1990. Aunque se limitan los créditos aplicables por causa de los sumideros, no hay límites al uso del "aire caliente," AC o MDL.

Estas herramientas de la política han sido señaladas como medios para alcanzar la disminución económicamente eficiente de las emisiones. Desafortunadamente, la puesta en práctica de estos mecanismos conducirá probablemente al aumento de emisiones según las proyecciones de BAU más que a la disminución[35]. De hecho, las reducciones fantasmas de emisiones por el uso de estos mecanismos de flexibilidad, aplicadas a las cuentas de los países del anexo B, aseguran un Protocolo "exitoso" a pesar de los aumentos probables en las emisiones[36]. Las Partes pueden reclamar haber alcanzado sus metas de reducciones a pesar del crecimiento significativo de las emisiones en los niveles nacionales e internacionales.

Mientras que muchos de los mecanismos de flexibilidad se han introducido en el Protocolo bajo gran presión del gobierno de Estados Unidos (el contaminador más grande del mundo), ese mismo gobierno (junto con los de otros emisores prominentes, tales como Australia) ha optado unilateralmente estar fuera de la participación en el Protocolo y ha limitado su participación en las negociaciones internacionales para la disminución de las emisiones de GEI[37]. Citando la falta de metas para China, India y Brasil en el primer período presupuestario (e ignorando

---

35. John Byrne y otros, "Beyond Kyoto: Reclaiming the Atmospheric Commons", en *Climate Change: Policy and Politics*, ed. Velma Grover (Enfield, NH: Science Publishers, 2004), 429–52.

36. Noah J. Toly, "Climate Change and Climate Change Policy as Human Sacrifice: Artifice, Idolatry, and Environment in a Technological Society", *Christian Scholar's Review* XXXV, no. 1 (2005): 63–78.

37. Cabinet-Level Climate Change Working Group, *Analysis of the Kyoto Protocol* (Washington, D.C.: 2001); White House, *Executive Summary of the Bush Climate Change Initiative* (Washington, D.C.: 2002); White House, *Transcript of the Speech of President Bush Delivered at NOAA in Silver Spring, MD* (Washington, D.C.: 2002); David Wirth, "The Sixth Session (Part Two) and Seventh Session of the Conference of the Parties to the Framework Convention on Climate Change", *The American Journal of International Law* 96, no. 3 (julio 2002): 648–60; Detlef van Vuuren, Michel den Elzen, Marcel Berk y Andre de Moor, "An Evaluation of the Level of Ambition and Implications of the Bush Climate Change Initiative", *Climate Policy* 2 (2002): 293–301.

las emisiones históricas, las per cápita, la diferencia entre emisiones lujosas y las para el sustento de la vida, además de la casi absoluta certeza de metas para tales países en un segundo período presupuestario), este ha elegido en cambio a perseguir una agenda para las reducciones voluntarias de intensidad de las emisiones domésticas basadas en una estrategia "no lamentarse" de invocar la retórica dudosa de causas y efectos inciertos en el cambio climático global.

Las políticas de "no lamentarse" en la disminución de las emisiones de GEI implican la rectificación de las ineficacias y de las faltas del mercado para reducir emisiones a bajo costo o sin costo alguno, derivando estos beneficios al incrementar la eficacia del mercado. Estos acercamientos se inclinan a favor de la preservación de la opción de valores asociados con el capital que se pudo invertir para atenuar el cambio climático en comparación con la opción de valores asociados con un futuro ecosistema y economía globales intactos. Este acercamiento rechaza cualquier opción relativamente costosa para la disminución, por deferencia retórica a la leve posibilidad de que los efectos del cambio climático puedan no ser tan despiadados como la mayoría de los científicos están proyectando.

Mientras que la comunidad científica no puede proclamar haber alcanzado el mismo consenso con respecto al cambio climático que existe con respecto a la gravedad, por ejemplo, la evidencia de dramáticos cambios en el clima y cierto nivel de contribución humana al problema, es más abrumador ahora que jamás antes. Con todo, los escépticos del cambio climático quedan sin inmutarse; continúan desplegando la retórica de la incertidumbre como justificación parcial para las estrategias de "no lamentarse".

Más allá de Kyoto

El Protocolo de Kyoto es el único foro multilateral de gobernanza climática con aspiraciones a la participación universal, pero no es el único foro en el que la gobernanza del clima global está ocurriendo. La Asociación de Asia Pacífica para el Desarrollo y el Clima Limpios, por ejemplo, representa un esfuerzo voluntario para influenciar la inversión en energías y en desarrollos limpios y para promover el negocio de tecnologías, mercancías y servicios más limpios[38].

Los miembros de la Asociación de Asia —Australia, China, India, Japón, Corea del Sur y Estados Unidos— "representan cerca de la mitad de la economía mundial, la población y el uso de energía, y producen cerca del 65% del carbón del mundo, 48% del acero mundial, 37% del aluminio del mundo y 61% del cemento global"[39]. Tales asociaciones, a pesar de no ser insignificante, no tienen como meta la reducción del nivel de emisiones al grado especificado por el Protocolo de Kyoto.

Otras iniciativas de gobernanza climática incluyen esfuerzos al nivel del estado y local. En Estados Unidos, la

---

38. Asia-Pacific Partnership on Clean Development and Climate, "Asia Pacific Partnership on Clean Development and Climate", www.asiapacificpartnership.org.
39. Íbid.

Asociación de Gobernadores Occidentales y la Iniciativa Regional de Gases de Efecto Invernadero son ejemplos de lo anterior. Las ciudades, que son particularmente vulnerables a los malos efectos proyectados del cambio climático y que contribuyen con 80% de emisiones de GEI antropogénicos, también han emprendido proyectos de la gobernanza del clima. Superando los límites municipales, un número de iniciativas han emergido para aprovecharse de la conectividad urbana, estimulando el diálogo intermunicipal y utilizando su influencia global.

Tales iniciativas incluyen el Acuerdo de la Protección del Clima (CPA) de la Conferencia de Alcaldes de Estados Unidos, el Programa de Ciudades para la Protección del Clima (CCP) del Consejo Internacional sobre Iniciativas Locales para el Medio Ambiental y la Iniciativa Solar Internacional de las Ciudades (ISCI). El programa de CCP incluye a más de 650 gobiernos municipales de unos 30 países y se organiza con un programa de 5 metas: el inventario y pronóstico de emisiones, las metas para la reducción de emisiones, el desarrollo de un plan de acción local, la implementación de políticas y la supervisión y verificación de los resultados[40]. Con 549 ciudades en 2001, las emisiones colectivas de los municipios miembros del CCP fueron del 8% del total global[41]. Las ciudades miembro

---

40. International Council for Local Environmental Initiatives, "ICLEI Global: Climate Protection", http://www.iclei.org/index.php?id=800.
41. Harriet Bulkeley y Michele M. Betsill, *Cities and Climate Change: Urban Sustainability and Global Environmental Governance* (Nueva York: Routledge, 2003), 237.

actuales representan aproximadamente el 15% de las emisiones antropogénicas globales de GEI. ISCI es una iniciativa considerablemente más pequeña que incluye actualmente solamente diecinueve ciudades miembro. Sin embargo, aunque ISCI es más pequeña, apunta a "metas ambiciosas en la reducción de emisiones... que son coherentes con las del IPCC para el año 2050"[42].

Las plataformas multicéntricas y de niveles múltiples de gobernanza son iniciativas importantes que van más allá del Protocolo de Kyoto. Muchas de ellas son ambiciosas e incluyen a agentes que son con frecuencia excluidos de acuerdos estrictamente multilaterales. Tales esfuerzos complementan pero no deben sustituir la clase de participación universal y de cooperación internacional representada por el Protocolo.

Interpretación de la gobernanza del clima global

Las interpretaciones de la gobernanza climática deben basarse en los principios de la justicia ambiental. La injusticia ambiental es la distribución no equitativa del riesgo ambiental e incluye la intrageneracional (distribución del riesgo actual según género, raza, clase, etc.) e intergeneracional (distribución del riesgo en un cierto plazo). Una respuesta medioambiental justa para el cambio climático reduciría al mínimo las disparidades

---

42. *International Solar Cities Congress 2006: The ISCI Vision* (2005).

intrageneracionales y intergeneracionales en la distribución de riesgo relacionado con el clima.

Por supuesto, la equidad intrageneracional e intergeneracional son preocupaciones del discurso más amplio con respecto a cambio climático y a su disminución. Sin embargo, la equidad de cualquier clase es una norma ausente en gran parte, en un sentido operacional, del régimen multilateral de la gobernanza del clima. El asentamiento de Kyoto para la equidad intrageneracional a través del principio de la responsabilidad común pero diferenciada es operado con la versión "países desarrollados actúan primero" de la participación universal, limitando el número de nación-estados que tienen metas durante el primer período presupuestado. Sin embargo, ambos principios siguen desconectados de las metas de las emisiones que, de acuerdo al Protocolo, son reducciones más o menos arbitrarias de los niveles nacionales de 1990.

Los defectos del Protocolo van más allá de la falta de una meta sustentable. De hecho, como se ha argumentado arriba, la inclusión en el Protocolo de los sumideros de carbono y de los mecanismos de flexibilidad no limitados permiten alcanzar las metas del Protocolo sin reducir las emisiones a partir de los niveles de 1990 o de los pronósticos basados en el estado de normalidad (BAU).

Con todo, a pesar de sus defectos, Kyoto es un foro importante para el desarrollo continuo de la cooperación internacional para el desarrollo sustentable. Mientras que la participación universal no ha significado el compromiso universal con las reducciones de emisiones inmediatas, debe significar la participación universal en el desarrollo de un acuerdo global para un clima futuro estable. Participar no requiere apoyo incondicional sino una buena voluntad de trabajar con otros para alcanzar un objetivo común.

Este objetivo común debe privilegiar y hacer operacionales los principios de equidad intrag333eneracional e intergeneracional. Entre los acercamientos que cumplen tal meta se encuentran los métodos per cápita de fijar límites a las emisiones. Al fijar la meta de emisiones globales que estabilizarían las concentraciones atmosféricas de GEI a un nivel sostenible para cierto año (tal como 450 ppm de CO_2e [el equivalente de dióxido de carbono] para 2050), tal acercamiento divide las emisiones totales de la población mundial para determinar un nivel apropiado per cápita. Esto se puede multiplicar entonces por la población de cualquier unidad (es decir, nación-estado, ciudad) para determinar un límite equitativo y sostenible para ella[43].

Las metas per cápita reconocen el acceso común a las características "sumideras" de la atmósfera, de los océanos y de los suelos de la Tierra, tres lugares primarios del ciclo de carbón responsables del almacenaje de los gases de efecto invernadero. Combinado con el uso limitado de los mecanismos de flexibilidad basados en el comercio y la participación universal,

---

43. John Byrne y otros, "An Equity- and Sustainability-Based Policy Response to Global Climate Change", *Energy Policy* 26, no. 4 (1998): 335–43.

estos acercamientos honran la sostenibilidad y la equidad del medio ambiente global. Al avanzar nuestra modificación del clima global de intervención accidental e secundaria a gestión con propósito, debemos trabajar para lograr la operabilidad de tales ideales en la gobernanza medioambiental.

Parte 3
Los próximos pasos

El acto creador de Dios:
Un cambio de paradigma

María Rosa Mendoza
Marco Lucio Hernández

Introducción

En este capítulo intentaremos compartir algunas reflexiones generadas en torno a un diálogo recurrente y siempre renovado entre la ciencia y la fe. Es una temática que nos interesa de manera especial dado que ha sido en parte una motivación en nuestra formación profesional, y nos acompaña desde la infancia. El diálogo, por otra parte, ha de ser fecundo gracias a la posibilidad de abrevar en diferentes y ricas fuentes, de las cuales quisiéramos destacar dos: por un lado, la experiencia del estudio crítico de la Palabra de Dios en el ámbito universitario, en el trabajo con células de estudio bíblico de ABUA (Asociación Bíblica Universitaria Argentina) y, por el otro, la consulta y las charlas informales con pastores, maestros de la Palabra de Dios, líderes y hermanos en Cristo.

Si bien se intentara una discusión en torno a las formas en que se pretende abordar la problemática ecológica, de ningún modo se pretende realizar una crítica exhaustiva a las teorías epistemológicas de la ciencia moderna y su respuesta política y social. Solo haremos una breve observación de algunos aspectos que a lo largo de la instancia universitaria y la experiencia de discusión en el ámbito académico se ha podido rescatar, y quisiéramos compartir y presentar lo que consideramos la posibilidad de una nueva mesa de debate. Para evitar entrar en disquisiciones técnicas, cuando se planteen ciertas discusiones referidas al pensamiento lineal y la ecología, no se pretende abordar más que sus aspectos generales de forma y no de contenido profundo.

Como un enorme útero que nos envuelve y protege, la Tierra, desde el espacio, parece una gigantesca gota de agua. Cristalina, límpida y silenciosa, su insondable misterio nos constriñe, dejándonos perplejos. Pero desde los inicios de la cultura humana hemos ensayado innumerables formas de relacionarnos con ella. Fascinados por la desmesura en que se nos presenta, no se entendía otra forma que no fuera ligar el mundo natural a lo divino.

Inagotable en formas, colores, sabores, aromas y comportamientos, la humanidad ha venido buscando y encontrando incontables vías de relacionarse con la naturaleza. Desde hace algunos siglos, la ciencia moderna desarrolla su relación a través de la afanosa e infinita tarea de medir variables, estimar parámetros e inferir hipótesis para extender la frontera de lo que consideramos "conocer". Así, de repente, descubrimos que la temperatura media de la naturaleza es la misma que la del ser humano, y nos preguntamos sobre su significado biológico, develando una íntima y mutua pertenencia. Luego de este dato, encontramos en cada evento de cada ciclo natural un delicado equilibrio cósmico que posibilita la vida humana. Entonces silenciamos intentando abrazar este hecho insondable. ¿Por qué el ser humano? ¿Qué es el ser humano para que sea tenido en cuenta de esta manera? (Sal 8:4).

El antiguo concepto de los griegos de "Gaia" era la visión de la Tierra toda como un solo organismo vivo, gigantesco, generador y dador de la vida. Habría en el ser humano una conciencia innata de aquella compleja organización que sobrepasaba el entendimiento y los sentidos. Hoy, muchos biólogos admiten la idea de la Tierra como un gran bioma. En 2010, la película *Avatar*, de J. Cameron, rompió todos los récords de taquilla. Con un fuerte mensaje ecológico al estilo "New Age", se retrataba esta idea de Gaia, aunque en este caso bajo la forma de una enorme "conciencia" donde cada ser viviente tiene una conexión íntima, como una gran red neuronal, que hace sinapsis llevando un mensaje desde y hacia el espíritu de cada individuo. Ahora en este punto, ¿cómo concibe el universitario y profesional cristiano latinoamericano el mundo en que vive?

Muchas de nuestras dificultades para ser conscientes de la vida que nos circunda surgen de una "incertidumbre de escala". No encontramos la perspectiva adecuada para que desde nuestra observación ordinaria, logremos que nos sean perceptibles los eventos que suceden a diario a nuestro alrededor ni aquellos signos que identifican nuestro misterioso emparentado con toda forma de vida. No entendemos plenamente el grado de compromiso que nos liga.

Uno de nuestros más grandes problemas es que vivimos en una cultura de saturación visual y auditiva. En Eclesiastés se describe muy claramente cómo es la vida del ser humano en su cotidianidad: "Todas las cosas hastían más de lo que es posible expresar. Ni se sacian los ojos de ver, ni se hartan los oídos de oír" (1:8).

El problema es que este sobreestímulo del ojo nos ciega a la variación de matiz a la que la vida se aferra. Jesús, refiriéndose a las señales de los últimos tiempos, tomaba como ejemplo la sutil variación del verde que experimenta la higuera al aproximarse la primavera (Mt 24:32). Cuántos matices del verde se nos pierden en nuestra constante conexión con un ambiente puramente tecnológico. La televisión e Internet, en las ultimas décadas, con su bombardeo ininterrumpido de imágenes e información, maneja nuestra capacidad de asombro. La información carente de un componente emocional invade y resbala sobre nuestra capacidad de ser conscientes del mundo que nos rodea. Pero de tanto en tanto aparece en el noticiero alguna alerta sobre fenómenos naturales que nos asombra y nos hace estremecer. Para algunas personas esta capacidad de asombro solo dura los momentos del flash informativo, mientras que otra una pequeña parte de la población empieza a preocuparse y presta más atención a este tipo de fenómenos. Algunos teólogos suelen relacionar estos sucesos con el fin de los tiempos, el cual entienden como la sucesión apocalíptica de calamidades y desastres naturales:

> El firmamento desapareció como cuando se enrolla un pergamino, y todas las montañas y las islas fueron removidas de su lugar. Los reyes de la tierra, los magnates, los jefes militares, los ricos, los poderosos, y todos los demás, esclavos y libres, se escondieron en las cuevas y entre las peñas de las montañas. Todos gritaban a las montañas y a las peñas: «¡Caigan sobre nosotros y escóndannos de la mirada del que está sentado en el trono y de la ira del Cordero, porque ha llegado el gran día del castigo! ¿Quién podrá mantenerse en pie?». (Ap 6:14–17)

La destrucción de la naturaleza y de todo medio que nos rodea parecería ser una de las señales del fin de los tiempos. Todo nos puede llevar a pensar que las catástrofes naturales son parte de la justicia de Dios por los pecados que cometemos día a día o que son parte de la reacción en cadena, fruto de nuestros malos actos sobre la naturaleza, como una confirmación de Proverbios 10:29: "El camino del Señor es refugio de los justos y ruina de los malhechores".

En la página web de la Organización de las Naciones Unidas (ONU), podemos encontrar todo tipo de estadísticas como resultado de las consecuencias tanto de las grandes empresas que llevan a cabo explotaciones de los recursos, como el llamado de atención a cada uno de nosotros con nuestras acciones habituales que llevan al derroche y contaminación de nuestro hábitat. A saber unos ejemplos:

- El deshielo generalizado de los glaciares no solo creará riesgos de inundaciones sino que además, con el tiempo, reducirá el volumen anual de su agua en las grandes cadenas montañosas, donde viven más de mil millones de personas.
- Se prevé que a mediados de siglo la disponibilidad de agua en las zonas áridas haya disminuido entre un 10% y un 30% debido al cambio climático.
- El nivel del mar subió unos 17 cm durante el siglo pasado, poniendo en peligro a los habitantes de las zonas costeras.
- Las fincas de secano[1] proporcionan un 80% de los alimentos en los países en desarrollo, pero el efecto que el cambio climático ocasiona en el régimen de precipitaciones amenaza la seguridad alimentaria[2].

---

1. Agricultura de secano es aquella en la que el ser humano no contribuye con agua sino que utiliza únicamente la que proviene de la lluvia.
2. Estos datos se tomaron de la página web de la Organización de las Naciones Unidas, Portal de la labor del sistema de las Naciones Unidas sobre el cambio climático, http://www.un.org/es/climatechange.

- Se proyecta un aumento del 25 al 90% en las emisiones de los seis principales gases de efecto invernadero para 2030 frente al nivel registrado en 2000[3].
- América del Sur es la región del mundo con mayor tasa de conversión de tierras forestales a otros usos y perdió como promedio 7 millones de hectáreas entre 1990 y 2005[4].
- Como promedio, el mundo perdió 5 millones de hectáreas de bosques al año, o casi 10 hectáreas por minuto entre 1990 y 2005[5].
- La deforestación provoca hasta el 20% de las emisiones de gases de efecto invernadero en todo el mundo, debido a la tala de gran parte de los bosques para uso agrícola[6].
- Si no se adoptan medidas o si todos siguen haciendo «lo mismo de siempre», las emisiones totales de gases de efecto invernadero del mundo seguirán aumentando en los próximos decenios y la temperatura mundial podría aumentar hasta 6.4 °C este siglo[7].

Al terminar de leer estos datos, son muchas las preguntas que nos hacemos. Las primeras de todas

---

3. ONU, "Mitigación", http://www.un.org/es/climatechange/reduction.shtml.
4. Radio de las Naciones Unidas, Centro de Noticias ONU, "FAO actualiza estado de la deforestación global", 30 noviembre 2011, http://www.un.org/spanish/News/fullstorynews.asp?newsID=22228.
5. Ibíd.
6. ONU, "Datos y cifras", http://www.un.org/es/climatechange/facts.shtml.
7. ONU, http://www.un.org/es/climatechange/reduction.shtml.

son: ¿Cómo haremos para que nuestras próximas generaciones sobrevivan en el planeta? ¿Cuánto mal le hicimos a nuestro planeta? ¿Cómo puede ser que los medios informan poco sobre estos números? ¿Por qué no nos dimos cuenta antes que estábamos accionando el termostato del planeta? Y podríamos seguir con los miles de cuestionamientos que nos obligan tales datos.

La contaminación es el resultado de años en que el ser humano ha hecho un mal uso de los recursos. Es un cúmulo de malas acciones: desde la Revolución Industrial en la segunda mitad del siglo XVIII y los principios del XIX donde tuvieron su auge las máquinas a vapor y el ferrocarril, hasta llegar a nuestro siglo con los residuos industriales que son vertidos a las aguas y al aire de uso común para cualquier persona que habita el planeta; en el ámbito de la agricultura en un principio era la quema controlada del rastrojo quitándole cobertura a los campos y permitiendo que el suelo quede expuesto a las acciones erosivas del viento y las lluvias, hasta el uso indiscriminado de químicos perjudiciales para el ambiente y la tala descontrolada de montes y selvas, para que más superficie quede liberada para uso agrícola-ganadero. Sin lugar a dudas, el ser humano viene contaminando desde hace siglos y las consecuencias son tangibles y palpables en nuestros tiempos.

El concepto de la contaminación del medio ambiente es relativamente nuevo en la historia del ser humano. La idea que se tenía del medio ambiente como el proveedor de la materia prima que se necesitaba para la supervivencia es muy diferente a la que se tiene ahora. Dentro del área agronómica tenemos dos claros indicios de que a los recursos naturales se los concebía como un *bien* de uso *ilimitado*: resaltando el concepto de bien, como objeto del cual cualquier persona se apodera y hace lo que le plazca con él, e ilimitado, donde tal recurso puede ser usado sin prever su posible agotamiento. Un ejemplo claro es la visión de los economistas del siglo XVIII como David Ricardo, miembro de la corriente del pensamiento clásico económico que definió a la renta de la tierra como "la porción del producto de la tierra que se paga al propietario por el uso de la potencia original e *indestructible del suelo*"[8]. Esto denota la idea de que la tierra era indestructible, y en caso de cualquier alteración, tenía la capacidad de autorecuperación. De hecho en Levítico 25:1–4, encontramos un mandato relacionado, dado por Dios al pueblo de Israel:

> En el monte Sinaí el Señor le ordenó a Moisés que les dijera a los israelitas: "Cuando ustedes hayan entrado en la tierra que les voy a dar, la tierra misma deberá observar un año de reposo en honor al Señor. Durante seis años sembrarás tus campos, podarás tus viñas y cosecharás sus productos; pero llegado el séptimo año la tierra

---

8. David Ricardo, *On the Principles of Political Economy and Taxation* (Londres: John Murray, Albemarle-Street, 1817), énfasis agregado.

gozará de un año de reposo en honor al Señor. No sembrarás tus campos ni podarás tus viñas".

Aquí encontramos la idea de autorecuperación, donde después de seis años de continua producción, se debía dejar "descansar" la tierra durante un año para luego ponerla a producir otros seis años más, con la intención de que en ese año de descanso pueda recuperar su fertilidad.

El siguiente indicio dentro del área agronómica de que a los recursos naturales se los concebía como un *bien* de uso *ilimitado* es el concepto de fincas, granjas y grandes extensiones agrícolas como *explotaciones*. Implica la acción de explotar los recursos como el agua y los nutrientes para que crezcan y se desarrollen las plantas y los animales en un predio o porción de terreno y así obtener alimento o materia prima para la industria *sin* reponer los recursos, algo similar a una explotación minera. Tanto el concepto de la fuente inagotable de recursos como el de la explotación dan claras ideas de que el ser humano hasta el siglo pasado estaba tranquilo y confiado que la provisión de alimentos y materia prima para el diario vivir iban a estar al alcance de la mano, sin mayores problemas que el de la producción o extracción misma.

Recién en 1869, Ernst Haeckel desarrolló el término "ecología" (derivado de *oikos*, que es el equivalente de los griegos antiguos de «casa», y *logos*, «conocimiento»), y se logró entender a esta rama de la ciencia que estudia a los seres vivos, su ambiente, la distribución y la abundancia de recursos, y el impacto que tiene sobre estas la interacción entre los organismos y su alrededor. En la actualidad, una persona que se dedica a la ecología se la relaciona más con las organizaciones destinadas al cuidado del medio ambiente que con el estudio y conocimiento del mismo. Pero en 1896, después de treinta años de estudiar y entender al ambiente, S. Arrhenius planteó por primera vez la problemática del incremento de la concentración de CO_2 debido a la quema de carbón, petróleo y leña, y señaló como consecuencia que la Tierra elevaría su temperatura. Esta elevación resulta uno de los causantes más importantes del calentamiento global hoy en día.

A raíz de estas alteraciones en el ambiente por la intervención humana, los problemas se agravan aun más cuando aparecen complicaciones de salud en los individuos de la población que consumen agua contaminada, cuando el aire que respiramos diariamente ya no es lo mismo que el que respiraban nuestros ancestros, cuando en la tierra se ven bajas en las producciones agrícolas y cuando empezamos a aplicar el término *degradación de la tierra* a los casos de erosión hídrica y eólica. En definitiva, reconocemos los problemas cuando nos terminan afectando y sacando de esa comodidad a la cual la madre naturaleza nos tenía acostumbrados.

Todo esto nos puede llevar a pensar que estamos dañando la creación de Dios. Cuando esta deja de cumplir la función que cumplía antes, perjudicando alguna área de nuestra vida, lo que antes se usaba normalmente ahora no disponemos de él, lo que antes nos servía ahora ya no nos sirve más. Hagamos de cuenta que usted vive en su casa confortable, donde los servicios de agua, gas y luz funcionan sin ningún inconveniente, donde su heladera y alacena están llenas de la materia prima que usted necesita para elaborar sus comidas diarias. Pero un día se despierta y ya nada es igual, abre la canilla de agua para bañarse y se encuentra con agua turbia que emana olores desagradables; abre la alacena y todos sus alimentos están en mal estado; la temperatura de día hace que vivir sea sofocante y de noche no logra dormirse porque no le alcanzan las frazadas para cubrirse del frío... ¿Usted qué haría? Lo primero sería buscar una nueva vivienda. Nuestro problema es que planeta hay uno solo, o sea tenemos una sola casa que la inmobiliaria del cielo nos ha dado para cuidar, y de alguna manera hemos fallado.

Cómo es nuestra relación con la naturaleza

A medida que el ser humano se ha organizado y aglomerado en las grandes ciudades, se ha alejado de los ambientes prístinos. El problema con la ecología o el estudio de nuestra casa es que estamos acostumbrados a concebirla dentro de formas ideales y construcciones de la ciencia a través de la razón. La vemos a través de documentales en la televisión, los libros y las fotos de revistas, por medio de propagandas. Esto nos brinda una información sesgada, dentro de un contexto de "seguridad" increíble. Tirados en el sofá del living ¿cuánto tiempo nos puede llegar a cautivar la imagen de un ñu que breva en un río y de repente es sorprendido por un cocodrilo que salta a su cuello y se lo come (en unos diez segundos).

La verdad es que solo podemos entender cabalmente a la vida cuando somos capaces de tener una relación íntima y un grado de compromiso con ella. Es solo así que podemos tener una experiencia real con lo que está fuera de nosotros. ¿Cuándo fue la última vez que nos ensuciamos las manos, pasamos frío a la intemperie o pasamos sed o hambre? ¿Cuándo fuimos picados, mordidos, lamidos? Tal vez por la falta de estas experiencias reales de la naturaleza exista tanta apatía y tanto desdén hacia los problemas del medio ambiente entre los que menos sufren los cambios bruscos. Nuestra forma de relacionarnos con la naturaleza está siempre mediada por un monitor, como el papel de un libro, un lente o cualquier soporte de información, pero pocas veces por el contacto directo. El joven profesional o universitario ya se ha olvidado de cómo debe relacionarse con la vida.

¿Cómo accedemos a la conciencia de lo que realmente está ocurriendo en la naturaleza? Esta "conciencia" acerca de lo que son los eventos de la naturaleza y cómo se nos manifiestan es clave para entender la problemática ambiental. En muchas maneras la naturaleza está intentando comunicarnos un mensaje, mientras que nuestras vidas demasiado asépticas crean una barrera para recibirlo.

Para la ciencia, existe una sucesión de eventos que determinan los acontecimientos que nos suceden, de tipo causa-consecuencia. Esta interpretación de los hechos surge generalmente de la experiencia empírica, validada por los expertos en cada materia. El conocimiento llega, por lo tanto, de una respuesta lógica al fenómeno y en su desarrollo se genera el postulado, la teoría y la ley. Sin embargo es sabido que no todo se agota en la experiencia empírica. Muchas de las grandes leyes de la ciencia aceptadas por todos no hubieran tenido cabida en nuestros estrictos parámetros epistemológicos de la ciencia de hoy, dado que muchas no son demostrables empíricamente. Con esto no se quiere decir más que la ciencia tiene sus espacios en blanco inconsistentes, aun desde el punto de vista de la razón. Desde nuestro papel de profesionales cristianos intentamos explicar fuera de la razón, recurriendo a lo espiritual desde nuestro conocimiento de Dios.

La creación

Entonces dijo Dios: Hagamos al hombre a nuestra imagen, conforme a nuestra semejanza; y **señoree** en los peces del mar, en las aves de los cielos, en las bestias, en toda la tierra, y en todo animal que se arrastra sobre la tierra. Y creó Dios al hombre a su imagen, **a imagen de Dios lo creó**; varón y hembra los creó. Y los bendijo Dios, y les dijo: Fructificad y multiplicaos; **llenad la tierra, y sojuzgadla, y señoread** en los peces del mar, en las aves de los cielos, y en todas las bestias que se mueven sobre la tierra. Y dijo Dios: He aquí que os he dado toda planta que da semilla, que está sobre toda la tierra, y todo árbol en que hay fruto y que da semilla; os serán para comer. Y a toda bestia de la tierra, y a todas las aves de los cielos, y a todo lo que se arrastra sobre la tierra, en que hay vida, toda planta verde les será para comer. Y fue así. Y vio Dios todo lo que había hecho, y he aquí que era bueno en gran manera. Y fue la tarde y la mañana el día sexto. (Gn 1:26–31, RVR1960)

La Nueva Versión Internacional cambia en el versículo 26 la palabra "señoree" por "tener dominio", así como también en el versículo 28 se reemplaza "sojuzgadla" por "someterla" y "señoread" por "dominen". Las definiciones del *Diccionario de la Lengua Española* son las siguientes.

- Señorear: Dominar o mandar en una cosa como dueño de ella. Apoderarse de una cosa.
- Dominar: Tener dominio; sujetar, reprimir; conocer bien una ciencia, un arte.
- Sojuzgar: Dominar, mandar con violencia.
- Someter: Sujetar, humillar, conquistar, subyugar; encomendar a alguien la resolución de un negocio o litigio.

A simple vista estas definiciones nos llevan a pensar que somos amos y señores de la creación. Pero no perdamos de vista que el mandato de Dios relacionado con su creación fue antes de que la raza humana pecara, en un momento de la historia donde la íntima relación con nuestro Creador estaba intacta y nuestra mente estaba cerca de los pensamientos de Dios. En ese ambiente, el significado de "señorear la tierra" no era estar a la altura de Dios, sino ser simples administradores de su creación, algo así como dice la definición de someter, "encomendar a alguien la resolución de un negocio". Pero después de este acto creador de Dios, vino el pecado. Este hecho tan significativo resalta la ambición del ser humano que lo llevó a cometer tal acto de desobediencia:

> Pero la serpiente dijo a la mujer: —¡No es cierto, no van a morir! Dios sabe muy bien que, cuando coman de ese árbol, se les abrirán los ojos y llegarán *a ser como Dios*, conocedores del bien y del mal. (Gn 3:4–5, énfasis agregado)

Y es en este preciso momento donde se rompe toda relación directa con el Creador y su acción creadora, mediante la tentación de pasar de ser administradores a amos y señores de la creación, en conclusión a ser *iguales a Dios*. En este sentido podemos explicar por qué desde los tiempos remotos el ser humano ha hecho uso y abuso de los recursos naturales. La expropiación de cada recurso de la naturaleza ha sido sinónimo de poder económico y social. Se han desatado grandes guerras y conquistas en la historia para lograr el dominio de muchas fuentes de recursos. Para agravar la situación, como hemos mencionado anteriormente, el ser humano pensaba que la naturaleza era una fuente de energía inagotable e indestructible para la raza humana. Cuando la naturaleza demostró que era lo contrario, tardamos muchos años para que realmente nos diéramos cuenta de la importancia y de la complejidad de los problemas ambientales que esto acarreaba. La visión del ser humano se apartó de la visión de Dios, y el rol de la mayordomía sobre la naturaleza se transformó a través del pecado en absoluto dominio de todo lo creado.

La palabra de Dios nos recuerda y lleva siempre al origen de todo lo creado, como un llamado de atención o un camino hacia el origen de la vida. No solo en Génesis sino a través de toda la Biblia leemos sobre el rol creador de Dios, dejando a la vista de todos a quién corresponde la soberanía sobre el mundo. Por ejemplo el siguiente salmo dice:

> Del Señor es la tierra y todo cuanto hay en ella,
> el mundo y cuantos lo habitan;
> porque él la afirmó sobre los mares,
> la estableció sobre los ríos.
> ¿Quién puede subir al monte del Señor?
> ¿Quién puede estar en su lugar santo?
> Sólo el de manos limpias y corazón puro,
> el que no adora ídolos vanos

ni jura por dioses falsos.
Quien es así recibe bendiciones del Señor;
Dios su Salvador le hará justicia.
Tal es la generación de los que a ti acuden,
de los que buscan tu rostro, oh Dios de Jacob.
(Sal 24:1–6)

Estos versículos también resaltan la importancia de mantener las manos limpias y el corazón puro para entender que el Señor está sobre todo lo creado, y así poder nosotros como simples mortales acceder a "su lugar santo". Por eso mismo después que el pecado entra al mundo a través del género humano, se rompe ese vínculo sagrado con Dios, y tanto el hombre como la mujer quedan desterrados del paraíso. Y lo notable de todo esto es que este acto no solo afecta al hombre y a la mujer sino también a todo su entorno.

Al hombre le dijo: "Por cuanto le hiciste caso a tu mujer, y comiste del árbol del que te prohibí comer, *¡maldita será la tierra por tu culpa!*". (Gn 3:17, énfasis agregado)

Pero en medio de este quiebre de vínculos, en esta alteración de todo lo creado, aparece Cristo para meterse en nuestra historia. Viene como el cordero de Dios que quita el pecado del mundo, siendo el sacrificio vivo. Y desde este acto revelador nos da todas las pautas para reconciliarnos con nuestro Creador y con todo lo creado:

> Por tanto, así como una sola transgresión causó la condenación de todos, también un solo acto de justicia produjo *la justificación que da vida a todos*. Porque así como por la desobediencia de uno solo muchos fueron constituidos pecadores, también por la obediencia de uno solo muchos serán constituidos justos. (Ro 5:18–19, énfasis agregado)

En este versículo queda plasmado que a través de la justificación obtenemos la vida para todos en vez de la condena a muerte y la eliminación de la creación. Mediante nuestro conocimiento de Jesús y relación con él, nuestra visión de las cosas sufre un cambio de 360°. Es un cambio de adentro hacia afuera, y no desde nuestro exterior, sino hacia el exterior, relacionándolo todo con todos, como esa gran red neuronal de la que habla la película *Avatar*, donde Jesús es la fuente de energía que permite la sinapsis con el resto de las neuronas que integran esta red. No solo porque pagó el precio del pecado por nosotros, sino por su ejemplo de vida podemos ver que él no lleva una vida neutral, aséptica; por el contrario se compromete en todos los asuntos que nos rodean.

Todas las acciones de Jesús durante su ministerio son una constante invitación al conocimiento de él, de nosotros y de los otros. Dice Efesios 1:16–18: "al recordarlos en mis oraciones... Pido que el Dios de nuestro Señor Jesucristo... les dé el Espíritu de sabiduría y de revelación, *para que lo conozcan mejor*. Pido también que les sean iluminados los ojos del corazón..." (énfasis agregado). Este pasaje nos habla de dos cosas importantes. El conocimiento profundo de Cristo nos habilita a comenzar a ver desde lo entrañable aquello que nos va a dar la esperanza en los eventos que nos suceden. Pero esta revelación no va ser una revelación de conceptos, dictámenes o fórmulas sino que surge del grado de aproximación a una relación personal.

Y esto tiene que ver con nuestra forma de vivir en Cristo. Significa que ser cristiano es lo más desafiante que tenemos que sufrir en la vida. Significa seguir el camino del "ser humano" más osado que jamás haya pisado la Tierra, que fue contra las leyes de los seres humanos para reflejar las leyes que venían de Dios Padre y que sobre todas las cosas vino a hablarnos de la misericordia en un momento de hostilidad. Vino a hablarnos de amar y respetar al prójimo como a nosotros mismos en un momento de esclavitud tanto física como espiritual, y habló de la humildad en un momento en donde prevalecía la lucha de poder. Todas estas características de la persona de Jesús nos llevan a exigir lo máximo de nosotros mismos (véase la parábola de los talentos), siendo al mismo tiempo la experiencia más vivificante con la que nos podemos topar. Una relación íntima con Jesús es algo así como una operación a corazón abierto, donde exponemos el mismo en las manos de profesionales para sacarle todo mal pero con la certeza de que eso nos mejorará la calidad de vida.

El acto creador de Dios: Un cambio de paradigma

La vida cristiana es por sobre todas las cosas una experiencia de conversión. Es decir, nuestra identidad profunda implica la transformación de nuestro ser. Somos cristianos en tanto admitamos que hemos sido profundamente transformados por la obra de Dios. En esto se apoya todo nuestro sentido pleno de lo que somos, la comprensión de nosotros mismos, la identidad, la pertenencia. ¿Qué somos? Justamente eso mismo, somos "los convertidos", "los redimidos", los rescatados, los que pertenecen a Cristo; somos propiedad de Cristo. Por ese motivo no vamos a poder soportar una vida plena en Cristo si no desarrollamos una disciplina acorde a sus enseñanzas y ejemplo. Es imprescindible entender que Cristo es nuestro modelo de relacionarnos con todo. En él entendemos la forma que nos debemos relacionar con los demás y con todo lo creado, y nuestra mirada atenta debe estar orientada a él.

Para que la conversión suceda debe haber un conocimiento profundo de la persona de Jesús. Como dice en Efesios 1:18–19, "para que sepan a qué esperanza él los ha llamado, cuál es la riqueza de su gloriosa herencia entre los santos, y cuán incomparable es la grandeza de su poder a favor de los que creemos. Ese poder es la fuerza grandiosa y eficaz".

Eso significa que al relacionarnos con Cristo es inevitable que debamos soportar el evento traumático que implica una relación, pero con el pleno conocimiento de que solo el sufrimiento habilita la conciencia profunda. Por eso es solo a través de la sangre de Cristo que accedemos a la revelación de su Padre. Esta revelación a su vez desencadena el cambio y la conversión de nuestra persona y de todas las cosas dadas alrededor nuestro. Y en esa clase de cambios incurrimos en el cambio de paradigma.

¿Qué es un paradigma? Es un modelo, un conjunto de elementos que nos permite interpretar la realidad. A través de los paradigmas comprendemos lo que comprendemos. Se dice que cada profesión u oficio brinda a cada uno de nosotros un "lente especial" y que cada cual desde su óptica puede ver la misma cosa de diferente manera. Así por ejemplo, la plaza de un pueblo no va a significar lo mismo para un arquitecto, un ingeniero agrónomo o un psicólogo. Entonces ¿qué es un cambio de paradigma? Es una mirada de la realidad desde otro ángulo, una nueva forma de pensar sobre antiguos problemas.

A modo de ejemplo podemos citar el momento en que una persona cambia su lente para ver más allá de la Tierra a través del telescopio. Descubre planetas y estrellas, las cuales siempre estuvieron allí como simples puntos luminosos, pero al cambiar de lente se da cuenta que el universo es mucho más amplio de lo que se imaginaba. Este ejemplo simple nos ayuda a razonar sobre lo que es un cambio de paradigma: una visión de algo que cambia cuando nos detenemos en los detalles, resultando algo diferente. Y el detalle, o la profundidad del análisis, nos lleva a cambiar la visión de las cosas.

Jesús se aparece en la vida del ser humano para producir este cambio de paradigma. Él altera el sentido de las cosas y lleva todo lo creado al plano del Creador. A través de Jesús, como si fuera un lente, podemos mirar de otra manera lo que era para transformarlo mentalmente en lo que es.

Las relaciones: Un cambio de paradigma

Después de esta transformación profunda de nuestra persona a través de la persona de Cristo, la pregunta es cómo me relaciono con mi entorno en esta nueva vida o, mejor, en esta nueva oportunidad de seguir viviendo. ¿Cómo era mi relación con lo creado, y cómo será de ahora en adelante?

Una intimidad o una relación es un vínculo que nos vuelve vulnerables y por eso es importante que haya un respeto mutuo. Con la naturaleza nos sucede lo mismo. Tenemos que considerar qué disposición tenemos de crear vínculos significativos con ella. Una primera premisa a considerar es el temor que le debemos a la naturaleza porque muchos de sus secretos no nos fueron revelados. Podemos crear dos tipos de vínculos. Uno en donde existen algunos eventos que no alcanzamos a tolerar porque significan una experiencia que desborda nuestra capacidad de aceptación, donde no podemos hacer nada que nos permita interactuar, y nos limita a su mera expectación (como la primera vez que un niño ve un tigre en el zoológico y no puede tolerar esa presencia tan poderosa porque le teme y al mismo tiempo le provoca admiración). Y otro donde existe también una perspectiva que reconoce una asimetría la cual nos habilita a tener presencia frente a aquello que nos desborda (como cuando uno experimenta el ascenso de una montaña, siempre debe tener en cuenta que una de las premisas previas al ascenso era la de no subestimar el recorrido hacia la cima). Habría un temor saludable y gratificante en esto, un temor que se convertiría en admiración y un profundo amor respetuoso.

Volvamos a cómo es nuestra relación con Dios con respecto al temor. Por un lado dentro de la idea de "temor" deberíamos diferenciar lo que es un temor por lo que nos va ocurrir (castigo) si no nos comportamos de determinada forma, como "el temor **a** Dios"; esto a diferencia de aquel vinculado a lo sagrado, como "el temor **de** Dios". Lo sagrado implica el respeto a algo que no entendemos, hacia algo a lo que debemos de alguna manera someternos. Más que "algo", lo sagrado implica siempre una presencia. Por lo tanto, más bien deberíamos hablar de "alguien": alguien misterioso y ajeno a nosotros mismos, diferente a lo que pensamos que es.

Esto es transportable a nuestra relación con la naturaleza pues a ella también la podemos incluir como a un "otro", recordando las palabras de S. Francisco: "hermano perro, hermano árbol". Tenemos frente a nosotros siempre a un "otro" desconocido, diferente, que representa una dificultad, un desafío. Y nos cuesta porque no sabemos cómo presentarnos frente a lo distinto. Es como el instinto del cazador, que al ver un ser vivo, al cual le teme pero al mismo tiempo quiere conocer más porque le provoca admiración, en vez de acercarse lentamente para generar algún tipo de vínculo, recurre a las armas que le dan la seguridad de dominar al sujeto. Luego, una vez controlado el "otro", puede cumplir con el objetivo de acercarse a su presa y estudiarla. Está en la naturaleza humana dominar, controlar y someter.

Pero al acercarnos al "otro" se produce una transformación en nosotros. En este sentido el pensamiento lineal de la ciencia moderna no alcanza el nivel de conciencia que accedería a través de la visión espiritual. Definimos el pensamiento lineal o vertical así:

> La manera tradicional de pensamiento, es decir, aquella que se desarrolla generalmente durante la época escolar y en donde se aplica la lógica de manera directa y progresiva. [...] Este tipo de pensamiento sigue una dirección recta, y por lo general es empleado en cuestiones de índole técnica y científica y en menor grado en situaciones de la vida cotidiana[9].

Un ejemplo típico es: los seres humanos piensan, Juan es un ser humano, por ende, Juan piensa.

Ese mismo pensamiento lineal lo usamos para la naturaleza, algo así como: los recursos naturales son útiles, la naturaleza es fuente de recursos, la

---

9. Test de Inteligencia, "Pensamiento Lineal y Lateral", http://www.test deinteligencia.com.ar/v-pensamiento-lineal-lateral.htm.

naturaleza es útil. A la naturaleza le damos el valor por lo que aporta a nuestra vida y no por ser naturaleza. A menos que nos acerquemos para conocerla, ya sea a través de nuestro simple contacto con ella o a través de la ciencia, es difícil separarnos de este pensamiento lineal.

Anteriormente en este artículo hicimos una pequeña introducción de cómo el ser humano en un principio concebía a los ambientes naturales como fuentes inagotables de recursos, pero con el tiempo de uso se dio cuenta de que estos recursos pueden agotarse y que las malas intervenciones de los seres humanos pueden echar a perder y alterar los ciclos y procesos que se llevan a cabo. O sea, cuando la naturaleza dejó de satisfacer nuestras necesidades nos dimos cuenta que es útil y que debemos cuidarla. Crispin C. Tickell es un ambientalista cristiano y visionario que anticipó en los años setenta el calentamiento global y ha asesorado a los que mandan sobre su impacto en los asuntos mundiales. Si bien no pertenece al ambiente teológico, describió el valor de la naturaleza sin necesidad de caer en el valor como un bien de consumo o como se denomina a todo bien visto desde una perspectiva económica. Dijo Tickell:

> La ideología de la sociedad industrial, basada en el crecimiento económico, niveles de vida cada vez más altos y la fe en que la tecnología lo arreglará todo, es insostenible a largo plazo. [...] Tenemos que contemplar la vida con

respeto y asombro. Necesitamos un sistema ético en el cual el mundo natural tenga valor no sólo en cuan útil para el bienestar humano, sino por sí mismo[10].

Tickell nos da pie para llegar a nuestro segundo cambio de paradigma y la clave principal que nos llevó a escribir este capítulo. La pregunta es: ¿Cómo tiene la naturaleza valor *por sí misma*? Desde la ciencia se ha tratado de valorarla a través de estudios que analizan cada proceso y de esta forma encontrarle la utilidad dentro de un marco del hábitat. Pero la ciencia se basa en estructuras donde los conceptos deben ser "validados" a través de constantes cuestionamientos, evaluaciones y procesos de pruebas. La ciencia que vale es aquella que resiste el embate de todas las evaluaciones calificadas de los notables. El problema es que el idealismo cristaliza los eventos y los interpreta siempre con un mismo criterio. Además, el valor más alto para el ideólogo, y al cual somete todas las demás cosas, no es la fe (un valor irracional) sino lo lógico y razonable. Por eso tiene una "validación relativa" (hasta que se compruebe la nueva teoría que explique que la cosa no funciona o que no es así). No tiene la flexibilidad instantánea de los acontecimientos reales, que se da con dinámicas y ritmos propios.

---

10. Crispin C. Tickell, "La tierra nuestro destino: Fragmento de un discurso ofrecido en la catedral de Portsmouth" (2002), citado en J. Lovelock, *La venganza de la tierra: La teoría de Gaia y el futuro de la humanidad* (Barcelona: Planeta, 2007).

Pero para respetar a la naturaleza como parte del acto creador de Dios, la debemos observar con la misma óptica que miramos a su Creador, a través del concepto de lo sagrado. Debemos amarla no porque nos es útil y porque hemos descubierto que cual o tal proceso es importante para que los fenómenos sucedan, sino porque es sagrada. De alguna manera la tarea es empezar a mirar todo lo que nos rodea desde una óptica espiritual.

La perspectiva espiritual crea el espacio de lo sagrado. También actúa sobre los niveles jerárquicos, los cuales entendemos por personas que tienen poder en la Tierra. El paradigma espiritual nos da otra visión de jerarquía en los planos del mundo. Lo sagrado es aquello que descubrimos como perteneciente a otro orden, diferente a lo ordinario, aquello que se debe separar del resto para que surja su manifestación. Lo sagrado nos exige reverencia, respeto y silencio. ¿Queremos decir que la ciencia es una amenaza para nuestra fe cristiana? No, de ninguna manera. Lo que se quiere decir es que nunca a través de la ciencia, ni de la idealización, ni desde un abordaje que procure un rédito económico vamos a poder llegar a esta otra experiencia que es lo sagrado.

En el pensamiento lineal no existe este nivel jerárquico, dado que todo es plausible de su análisis y abordaje racional. La naturaleza aquí se muestra con categorías de acuerdo con un orden funcional; existen los ciclos biológicos, las cadenas tróficas, las rutas migratorias. Pero no existen categorías donde se haga una invitación, por ejemplo, a una perspectiva no analítica; a la contemplación del fenómeno, del paisaje, de la belleza que manifiesta, desde un lugar de la emoción. Por eso este espacio de lo sagrado tiene que ser incorporado en la visión de la problemática ambiental. Solo con una postura de compromiso profundo es válido. Amando es la única manera de respetar.

Lo contrario a lo sagrado no es lo malo sino la imposibilidad de discernir aquello que pertenece a otro orden, aquello que no podemos acceder a menos que cambiemos nuestra manera de ver, de pensar. Es como esas animaciones donde se intenta comparar el tamaño del Sol con el de la Tierra. Para verlos juntos deberíamos apartarnos tanto que ni bien empezamos a ver el contorno del astro rey, la Tierra se vuelve tan minúscula que se pierde de vista. Es de una magnitud tan grande el Sol que los criterios de dimensión de nuestro planeta no sirven, se debe pasar a otra escala.

Para entender la diferencia entre lo profano y lo sagrado, recurrimos al siguiente texto bíblico:

> Sus sacerdotes violan mi ley y profanan mis objetos sagrados. Ellos no hacen distinción entre lo sagrado y lo profano, ni enseñan a otros la diferencia entre lo puro y lo impuro. Tampoco le prestan atención a mis sábados, y he sido profanado entre ellos. Los jefes de la ciudad son como lobos que desgarran a su presa; siempre están listos a derramar sangre y a destruir vidas, con tal de lograr ganancias injustas. (Ez 22:26–27)

El pasaje habla de una incapacidad de discernir, de diferenciar una cosa por la otra. Lo profano es profanar, es justamente no poder distinguir aquello que demanda una atención especial. ¿Cómo se distingue lo sagrado de lo profano? Lo sagrado es lo que debemos separar del resto.

En Isaías 58:12 se menciona una nueva labor que emerge de las ruinas de un pueblo desbastado: la del restaurador, el reparador de muros. Aquí con la restauración del muro de alguna manera se realiza la primera tarea de recuperación del "espacio sagrado" y así se obtiene un límite, una frontera que separa un espacio del otro. A su vez Pablo en 2 Corintios 5:17–18 nos dice que tenemos una nueva misión: la reconciliación. Lo sagrado, entonces, es aquello que debemos desarrollar en nuestras vidas; se crea o, mejor dicho, se re-crea. Y se re-crea con el otro, quien es siempre distinto y ajeno a nosotros. La reconciliación es dirigida hacia todos los sentidos que nos competen. Es hacia Dios, el prójimo, la naturaleza y hacia nosotros mismos.

Esta es una tarea iniciada desde la fundación del mundo. En el principio, Dios tuvo la iniciativa en la creación, y nos invitó a convertirnos en cocreadores al darnos la tarea de poner nombre a los animales. Hubo en el mismo principio una tarea que comenzamos juntos con él. Ahora "La creación gime" por la conclusión de esta tarea reconciliadora (Ro 8:22–24). Este es el tiempo oportuno, el *kairos* (gr. καιρός, "el momento justo"), por lo que la Tierra en su "aquí y ahora" desea ardientemente nuestro compromiso.

Urge y resulta vital la tarea de desarrollar la reconciliación y de promoverla.

La disciplina en la vida cristiana es a su vez el camino de sensibilización a la voz de Cristo. No podemos lograr escuchar su voz sin antes desarrollar una disposición especial de escuchar, que va de la mano con la creación de espacios sagrados. Los seres humanos posmodernos hemos estado conviviendo demasiado tiempo con un extraño en nosotros mismos. Nuestra propia alma ha permanecido oculta demasiados años, de modo que no sabemos nada de ella. Si hoy pudiéramos verla en un espejo, nos resultaría extraña e intimidante. La disposición de escuchar y atender lo sagrado se desarrolla; no es instantánea. Hay que trabajarla con disciplina.

La tarea encomendada es entonces la de crear "espacios sagrados", físicos y espirituales, espaciales y temporales; para encomendarlos, entregarlos, ofrendarlos al Señor y que él les dé el influjo de soplo vivificante.

Es muy poco, si no insignificante, lo que podemos hacer como individuos desde nuestras capacidades e influencias frente a los estragos de la contaminación, los intereses de las multinacionales, los poderes políticos, económicos y mafiosos y las potestades de este mundo. Si esperamos encontrar una forma de gran impacto que cree una conciencia de sensación de una vez y para siempre... creemos que es perder el tiempo. Pero a través de la reflexión sobre cómo transmitir de una manera efectiva el temor sano a la creación, el temor que tiene que ver con la reverencia —hacia Dios y toda su creación—, aparece un camino más esperanzador. Este emerge cuando entendemos que la única forma de promover conciencia y respeto a la naturaleza es a través de compartir con otros nuestra experiencia con lo sagrado. Nuestra incapacidad de convivir en armonía con la vida no es un asunto de falta de racionalidad sino de pobreza espiritual, pobreza de experiencias significativas con la creación y su Creador. Solo hay esperanza si nos reconocemos como protagonistas cocreadores de la Tierra, con el ministerio de restaurar lo que está derruido, dañado, caído y que ha perdido dignidad y si reedificamos los espacios sagrados. Habrá esperanza solo si nos descubrimos protagonistas de la reconciliación que el Espíritu Santo realiza en nosotros y del poder de la resurrección.

Reflexiones sobre la problemática ambiental latinoamericana

Alfredo Salibián

Introducción: Los cambios rápidos de América Latina

No es tarea fácil transmitir las vivencias que rodean a un científico cristiano del sur del continente americano, a quien cotidianamente le acosan preocupaciones por los alcances de una grave crisis ecológica global que vislumbra cuando observa con sus ojos y confirma con la información que le provee su práctica profesional el panorama ambiental de la región.

Es que trata de analizar las interrelaciones entre dos ámbitos estructurados sobre elementos de naturaleza compleja, cada uno con sus propios métodos, con escenarios rápidamente cambiantes y que, en ciertas circunstancias, se enlazan a través de vínculos conflictivos.

En ese contexto es difícil para el científico localizar el punto de equilibrio justo o compatible entre sus convicciones y lealtades, por un lado, y los resultados del análisis de las realidades ambientales que rodean y afectan adversamente a sus prójimos por el otro ya que, con frecuencia, son frontalmente incompatibles, hasta el punto de generar áreas de extrema tensión.

Las dos esferas involucradas, se caracterizan, como ya se mencionó, por ser extremadamente dinámicas, en un contexto tecnológico, informático y comunicacional como nunca antes conoció la humanidad. Ese contexto tiene entre otras la consecuencia de *achicar* el universo, posibilitando el acceso a la más diversa información en tiempo real borrando las distancias; la consigna del mundo de hoy es la instantaneidad. No obstante, ese contexto no se aprecia en forma uniforme, pues en nuestra América hay millones de personas definitivamente excluidas y por tanto, al margen de los beneficios de esos avances.

Para complicar lo antedicho, no podemos dejar de mencionar que al mismo tiempo nuestra región en particular se halla inmersa en un ciclo de rapidísimos cambios políticos, sociales y económicos (que, por su diversidad, no excluye lo religioso) que determinan las relaciones de las sociedades con el ambiente, dibujando un mapa multiforme.

Lo ambiental

En lo concerniente a lo ambiental en particular, América Latina está en una etapa avanzada del proceso de globalización planetaria iniciado en la década de los noventa, procurando integrarse a un *nuevo mundo*, diseñado por unos pocos, que le asignaron la función de productores y proveedores de las materias primas que demandan sus economías consumistas, crecientes en cantidad y variedad. Además, recientemente, algunas economías de acelerado y sostenido crecimiento conocidas como *emergentes* (por ejemplo, China) se incorporaron a ese mundo, empujadas por necesidad o inducidas por los países industrializados, engrosando la lista de "clientes" de las *materias primas* disponibles en los ecosistemas de nuestra región para su producción y exportación de manufacturas y bienes con alto contenido tecnológico. En algunos casos, esas economías que han surgido recientemente expandieron sus intereses negociando proyectos de adquisición de suelos, complementarios de los iniciales, extrayendo y transfiriendo los recursos estratégicos (por ejemplo, petróleo), un cuadro que podemos calificar de privatización de territorios ajenos.

América Latina tiene mucho para contar en lo referente a historias de explotación de sus recursos por parte de extraños, ya desde los albores de las sucesivas invasiones que padeció.

En rigor, la expresión *materias primas,* no es más que un eufemismo para referirse a *recursos naturales*. Lo ambiental (el ambiente y los servicios de sus ecosistemas) fue apropiado e incorporado al léxico cotidiano neoliberal, asignándole un lugar destacado en la lista de objetivos "deseados" por esas políticas noventistas impuestas por los grandes bancos y corporaciones, por encima de los países o bloques políticos.

Nuestros recursos (por ejemplo, espacio, suelo, agua) les interesan para cultivos intensivos (como la soja, caña de azúcar o maíz) no destinados al consumo humano, sino para producir aceites o alcohol con el objeto de cubrir con ellos el inminente déficit de combustibles tradicionales (carbón, petróleo) que afectará sus sistemas productivos, reemplazándolos por *biocombustibles* (o *agrocombustibles*). También están acoplando a lo anterior cambios drásticos en los sistemas de producción de proteínas (carne, leche), reemplazando el tradicional ámbito de las pasturas naturales por sistemas con uso intensivo de granos como alimento, en verdaderas "usinas" (*feed lots* o *lotes de alimentación*) donde los animales crecen virtualmente inmovilizados.

Con alarma, advertimos que estas estrategias muestran la realidad de otra apropiación: la de nuestra biodiversidad. Es el caso del patentamiento de especies que por centurias han servido a las comunidades originarias. El anticipo más patético de esto fue una soberbia decisión del presidente George Bush padre, quien en la ECO 92 (Cumbre de la Tierra de 1992, Conferencia de Naciones Unidas sobre el Medio Ambiente y el Desarrollo) se negó a firmar el Convenio de Biodiversidad. Entre otros puntos, este convenio compromete a los signatarios a respetar soberanías, a compartir tecnologías con los dueños de los recursos que la industria biotecnológica de su país explota y a proteger el medio ambiente; pero pocos días después, en Estados Unidos, se anunció el registro de genes humanos.

Son estos apenas algunos ejemplos de las fuerzas que están generando condiciones adversas para la vida y que están impidiendo o interfiriendo con el modelo de nuestra relación con la naturaleza.

Consecuentemente, somos testigos de una transición conceptual en la que los recursos naturales pasaron rápidamente de su categoría inicial, aquella que los reconocía como patrimonio nacional, a la actual caracterizada por su mercantilización, al estar al servicio del sostenimiento de los intereses sociales y productivos de un reducido grupo de países y sociedades que de esa forma también determinan el perfil y rumbo de las políticas económicas locales, avanzando sin contemplaciones sobre la soberanía de nuestros pueblos.

¿Qué recursos naturales? La respuesta es simple: todos. Renovables y no renovables. Petróleo, minerales, agua dulce de buena calidad (superficial y subterránea), hidrocarburos (petróleo, gas), biodiversidad (animal y vegetal), tierras aptas para la agricultura, etc.

Un análisis más detenido de este cuadro pone en evidencia otras consecuencias. Es el caso de intereses que colisionan: nuestro derecho humano irremplazable a un ambiente sano y la maximización de las rentas de los "invasores". En nuestra región, por ahora, el derecho al ambiente sano es el gran perdedor. Se han impuesto las prácticas depredadoras, por momentos irresponsables, contaminantes y claramente abusivas del patrimonio natural, sin considerar, respetar ni aceptar normas y regulaciones de ningún tipo, algunas preexistentes, así minimizando o borrando cualquier consideración de los derechos que asisten a las "víctimas" presentes o a las de generaciones venideras.

Los frenos legales que pudieron cruzarse en el camino interfiriendo en los planes de los invasores no fueron, ni lo son, obstáculos difíciles de superar por eso del... *poderoso caballero don dinero.*

El poder real, el de los bancos y empresas, viene como agente de una nueva corriente colonizadora, ahora por los recursos naturales como materias primas. Este conjunto de poder negocia con los gobiernos en un nivel de igualdad, echando mano de todas las herramientas requeridas para instalar sus programas, sin titubear y —si fuera necesario— de ponerse al margen de las leyes locales, de mentir, de ocultar información, etc. Todo esto en pos de los dictados de su modelo sostenido y bien planificado, a veces a nivel continental, de explotación paulatina y masiva de las riquezas locales para cubrir las demandas consumistas de sus sociedades matrices. Un ejemplo elocuente y reciente es el impacto de centenares de emprendimientos mineros de explotación metalífera a cielo abierto que se llevan a cabo a todo lo largo de la cordillera de los Andes, que no titubean en remover glaciares milenarios (que constituyen fuente de agua dulce para miles de compatriotas) ni en contaminar ríos y suelos, en casi todos los casos bajo la benevolente mirada y complicidad de sectores sociales, económicos y gubernamentales locales, haciendo caso omiso a los legítimos reclamos de las víctimas.

En algunos casos, aquel poder instala un "discurso elogioso", repetido con frecuencia desde las altas esferas gubernamentales locales, de que la región será la proveedora de los alimentos requeridos para combatir el hambre en el mundo. Falta aclarar que esos alimentos serán producidos mediante cultivos transgénicos y tecnologías con patentes de su propiedad y generados sobre suelos y materias primas ajenos y alejados de los futuros centros consumidores de la producción. También debe mencionarse que esa estrategia comunicacional no menciona que los destinatarios de esos "alimentos" que se producirán no incluyen a la franja de latinoamericanos pobres y excluidos que constituyen globalmente, cuanto menos, el 20% de la población. Por ejemplo, un reciente estudio de la Universidad Católica Argentina demostró que en el área metropolitana de la ciudad de Buenos Aires, donde habitan casi 13 millones de personas (32% de la población del país), el 35% de ellos (unos 4.5 millones) vive bajo el umbral de la pobreza. Las necesidades básicas de estos marginados y excluidos son atendidas por el Estado de manera precaria con "planes sociales" o subsidios de auxilio. Obviamente los productos de la agroindustria no habrían contribuido a brindar seguridad alimentaria para tantos argentinos.

Desde la perspectiva ecológica, se trata de una clara estrategia de *explotación de ecosistemas a distancia*, con la consecuencia, para los países y regiones depredados, de una grave simplificación (con frecuencia degradación y, a veces, destrucción irreversible) de sus sistemas ecológicos.

La sumatoria de lo antedicho configura, en su balance final, ni más ni menos que una expropiación paulatina y masiva de las riquezas de la región por parte tanto de los grandes capitales corporativos multinacionales como de los capitales financieros especulativos anónimos.

Cabe mencionar que, a veces, esos intereses son promovidos con el coauspicio institucional —y a veces económico— de organizaciones no gubernamentales (ONG) *ecologistas* (que no es sinónimo de *ecológicas*) locales o internacionales.

América Latina es víctima de la asimetría de los procesos que padece y es acreedora de una enorme *deuda ecológica* contraída por los antiguos y "nuevos invasores" en ambos casos con sus socios locales. Las políticas económicas basadas en esta "nueva" filosofía de "conquista" que se agota en las rentabilidades han profanado la tierra: la han convertido en instrumento que margina a sus legítimos dueños, y tienen la capacidad potencial para desplazar o determinar condiciones ambientales de exterminio de pueblos enteros —mayormente originarios— y para degradar o destruir el ambiente.

En suma, el desarrollo global está modelando y explotando a nuestra región en el marco de un nuevo paradigma que es, a todas luces, una nueva avanzada opresora que marcha sobre la soberanía de los países y la libertad de las personas. Ahora no se trata de matar, promover golpes militares, asesinar líderes políticos o sociales o imponer gobiernos amigos. Es suficiente con las apropiaciones en el marco de políticas económicas "a la medida", sin importar sus eventuales consecuencias humanas y ambientales; siempre, un excelente negocio.

Globalización y cambio climático

Hemos de advertir que nuestro planeta es una gran unidad física y biológica y que debido a las interrelaciones existentes entre sus partes, vivas y no vivas, es imposible que una acción humana sobre alguna de ellas, aunque sea geográficamente restringida, no afecte en cierta medida al resto. La contaminación privada o limitada no existe. Tampoco se conoce de otra especie, fuera de la humana, que sea capaz de incidir sobre su ambiente en forma negativa a tal extremo que haga inviable su sobrevivencia o la de sus descendientes.

En este momento de la historia de la humanidad estamos, pues, asistiendo a una globalización de nuestro entorno, incluido lo ecológico, olvidando que los ecosistemas no pueden ser tratados como unidades aisladas, como si fuesen compartimientos estancos; lo que ocurre en una de sus partes tendrá, necesariamente, impacto en otras.

Actualmente enfrentamos un nuevo actor determinante de la realidad: el cambio climático global, con sus múltiples y complejos impactos, presentes y futuros, sobre los recursos del planeta. El cambio climático global es consecuencia de un conjunto de factores confluyentes e interdependientes, mayormente cambios en la composición química de la atmósfera por acumulación de algunos gases —naturales y artificiales— por encima de las cantidades que los mecanismos ecológicos (naturales) pueden procesar. Esos cambios, conocidos genéricamente como el *efecto invernadero*, modifican la temperatura media de la superficie de la Tierra, alterando severamente todos los ecosistemas terrestres, incluyendo las poblaciones humanas que albergan.

Es importante saber que el 85% de esas emisiones que provocan el efecto invernadero se originan en la actividad industrial de los países "desarrollados", localizados mayormente en el hemisferio norte.

En Estados Unidos de Norteamérica más de un tercio de los productos que generan este daño es emitido por sus instalaciones del Ejército y de fábricas de armamentos. No ha sido en nuestra América que inventamos los gases que afectan la capa de ozono ni somos responsables del efecto invernadero y, por extensión, del cambio climático acelerado que afecta a unos y a otros.

Las grandes economías, lejos de cumplir con sus compromisos de reducción de las emisiones de dichos gases, adoptados en 1997 en la Conferencia de las Partes (COP, pos sus siglas en inglés) celebrada en Kyoto, Japón, ingeniaron todo tipo de argumentos, argucias y maniobras para continuar con sus emisiones.

Transformaron el drama ajeno en negocios donde poderosos grupos empresarios, con el aval de sus gobiernos, avanzaron propuestas "disfrazadas" de soluciones de mercado, no haciendo más que agudizar la crisis climática del planeta[1].

En diciembre de 2011 se llevó a cabo la COP-17 en Durban, Sudáfrica, que reunió a representantes de casi 200 países. La meta era renegociar medidas para controlar la emisión de los gases de efecto invernadero determinantes de la temperatura de la superficie del planeta, asumiendo un nuevo compromiso en lo referente a sus emisiones para implementarse en 2020, para reducirlas en esa fecha entre 25 y 40%; dicho compromiso no incluyó a Canadá, Rusia y Japón. Además, China, Brasil e India condicionaron su compromiso si Estados Unidos no lo asumía por igual. Se estima que en 2020 la temperatura de la superficie de la Tierra aumentará no menos de 4 °C, el doble de lo que ellos mismos habían suscrito como cifra tope en la Conferencia de Kyoto de 1997. Ese incremento en 2 °C por encima de lo acordado aumentará a un número millonario las 350 mil muertes que se produjeron en el 2009 por desastres asociados al cambio climático, los glaciares seguirán reduciéndose y aumentará el riesgo en zonas costeras y en países insulares, por elevación del nivel del mar, etc.

Debe quedar claro que el cambio climático, por ser de carácter global, afecta por igual a los responsables

---

1. Ver el capítulo de Noah J. Toly, "Cambio climático: Problema global, soluciones globales" en este volumen para una profundización del tema de tales "mecanismos de flexibilidad del protocolo".

como a los que somos ajenos y distantes del origen primero del problema.

Cabe mencionar que la naturaleza tiene sofisticados mecanismos de regulación de la composición de la atmósfera; por ejemplo: uno de los gases más importantes que provoca el efecto invernadero es el anhídrido carbónico, producido por el metabolismo normal de los animales y por la quema de combustibles fósiles (petróleo, carbón); el reino vegetal, por su parte, es un reciclador de ese gas ya que lo utiliza para generar moléculas que son el alimento de quienes las ingieren. Si la actividad humana se refleja en aumentos en la cantidad de ese gas en la atmósfera y, al mismo tiempo, en la destrucción de los mecanismos naturales de "secuestro" de ese gas (las plantas, algas), será fácil entender que la consecuencia será, obviamente, su acumulación acentuando el efecto invernadero. Eso es lo que ocurre, por ejemplo, con el desmonte de la Amazonia por parte de las transnacionales: se afecta localmente el equilibrio de sistemas naturales frágiles que tardaron millones de años en establecerse, perturbando el régimen hídrico y climático del área afectada extendiéndola miles de kilómetros al sur, hasta la cuenca del Plata. Además, la madera obtenida será vendida como chips y la superficie destinada a las actividades de producción agrícola-ganadera. Pero sabemos que el suelo de esa región no tiene valor sin sus bosques. Es muy ácido y sufre inundaciones periódicas e intensas. Más de 160,000 km^2 ya deforestados han sido abandonados y están en proceso de convertirse en un desierto.

El cambio climático global tendrá profundas implicaciones para las sociedades latinoamericanas, cuyos efectos adversos se sumarán a otros cambios (sociales, políticos y económicos) que al ocurrir simultáneamente, acentuarán las crisis.

Nuestra región no está exenta de las consecuencias de estos fenómenos globales cuyos efectos ya están siendo percibidos. Son consecuencias que no discriminan clase social, etnia, lugar de residencia, género o ideología, impactando adversamente y con especial crudeza a los grupos humanos más vulnerables.

Respecto de este problema ambiental, la literatura científica exhibe abundante información, sólidamente sustentada, sobre los posibles escenarios que ocurrirán en la región si las tendencias actuales, consecuencia de las actividades humanas, se mantienen o intensifican. Sin embargo, llama la atención el hecho de que tanto los habitantes en general como el liderazgo político y la prensa ignoran esa información disponible, y por lo tanto no muestran iniciativas significativas serias y sostenidas en el tiempo, en términos de medidas de prevención, adaptación o mitigación de los efectos adversos que, por conocidos, son esperables.

Esa actitud es acompañada, también silenciosamente, por la dirigencia religiosa que hasta ahora —salvo honrosas excepciones— no ha incluido de manera orgánica los temas ambientales en su agenda o en su pastoral.

*Eco*nomía y *Eco*logía

Quienes hoy controlan los resortes económicos del mundo nos han impuesto un modelo; es aquel en el que el hombre cree ser el *creador* antes que *criatura*, dueño antes que una parte del todo. El modelo asegura que la *eco*nomía es un subsistema que explota al *eco*sistema; reconoce que de él obtiene las materias primas que consume en los procesos de producción de bienes para el consumo, pero no considera en su balance que el ecosistema es, al mismo tiempo, el único depósito disponible para los desechos que genera su modelo.

Economía y ecología —palabras que comparten la misma raíz etimológica— han devenido interdependientes. Los humanos no solo afectan el ambiente mediante acciones directas. Su condición de ser cultural les brinda otras herramientas que ellos mismos diseñan, fabrican, venden o imponen; es el caso, por ejemplo, de las políticas económicas.

La economía actual se asigna a sí misma la capacidad de promover el crecimiento sin límites y para ello se apoya en los supuestos de que la disponibilidad de los espacios y los recursos naturales también es infinita. Ambos infinitos son ilusorios y anticientíficos y obedecen a la lógica del lucro y la competencia.

Además, cae en la falacia de evaluar la magnitud de su éxito mediante un numerito que se conoce como el PBI (Producto Bruto Interno), sin tener en cuenta que es solo un promedio, sin preocuparse por dibujar la curva de distribución de la riqueza producida.

Una cosa es relacionarnos equilibradamente con la naturaleza para sobrevivir y otra muy diferente es explotarla para utilizar y sostener un estilo y calidad de vida particular, egoísta, sin contabilizar los aspectos negativos de esas relaciones, con una perspectiva que no tiene en cuenta a las generaciones venideras.

Es necesario puntualizar con énfasis que la única alternativa viable a largo plazo es la de un "desarrollo sostenible", que es lo mismo que afirmar que el desarrollo ha de ser compatible con el equilibrio ecológico En estos conflictos entre economía-desarrollo y ecología, por ahora, siempre termina imponiéndose la primera. Por el contrario, creemos que ha llegado el momento de demandar nuestra única alternativa: *ecologizar la economía.*

Pero también existen otras acciones que desde la economía inciden indirectamente sobre los ecosistemas como es el caso de la *deuda externa* latinoamericana, que ninguno de nosotros solicitó ni "disfrutó"; la cual está siendo cobrada al precio, entre otros, de retrotraer sus economías al sistema colonial de producción de materias primas de bajo costo y sin valor agregado, para proveer el consumo de los países centrales o a las industrias de los emergentes.

No olvidemos que desde los años setenta hasta ahora, el capitalismo asociado estrechamente a la explotación de recursos naturales, fue quien diseñó los planes de ajuste estructural, privatizaciones, apertura indiscriminada de mercados. Todo vino acoplado a un saqueo de recursos desde el subdesarrollo para garantizar su crecimiento y acumulación, creando una verdadera crisis ecológica y generando una mercantilización extrema de la naturaleza, con sus ciclos y funciones que son la base misma del sistema viviente del planeta.

Sin embargo, cuestiones como las *externalidades*, esto es, los costos y beneficios sociales y privados, la contaminación y la degradación de los recursos naturales (erosión, salinización, pérdida de la capacidad productiva de los suelos, reducciones de la biodiversidad), o el aumento de la pobreza y el desempleo, no son abordadas por la economía ortodoxa.

Afirmamos, pues, que: a) siendo que las crisis ecológicas más importantes de nuestro tiempo son globales, su abordaje excede los límites de los ámbitos geográficos locales y demanda estrategias de consenso regionales, y b) *el modelo de desarrollo que se ha impuesto en nuestra región no es ecológicamente sostenible* ni equitativo.

La tierra y el agua

Por razones de espacio, en lo que sigue haremos breves referencias a dos recursos críticos que en Latinoamérica son muy codiciados: la tierra (como territorio y como sede de actividades productivas, mayormente agrícolas, y extractivas) y el agua dulce.

El tema de la tierra es fundamental para América Latina. La tierra es un "bien raíz" porque es la fuente de la vida y el punto de partida de todo modelo económico; es, además, fuente de materias primas y también de poder, pues poseerla es acceder al control, entre otras cosas, sobre la producción de alimentos. Como consecuencia de esa inseparable asociación entre la comunidad humana y sus medios de producción, la tierra adquiere carácter social.

En buena parte de Latinoamérica la estructura de poder se basa en la propiedad de la tierra. La historia de nuestro continente se puede leer a partir de la propiedad de la tierra que, a su vez, es determinante de la explotación y marginación de muchos compatriotas y también de la explotación de la tierra misma.

La apropiación de la tierra puede convertirse en un nuevo factor de opresión. Controlar la tierra significa controlar la mano de obra productiva y, por extensión, la capacidad productiva de la sociedad. Esta actualmente se afianza en una dependencia creciente de los países centrales por vía de la imposición de los productos de la manipulación genética y de la biotecnología de los insumos agrícolas asociados (pesticidas, fertilizantes, semillas, maquinarias, etc.), ambos controlados férreamente por empresas transnacionales estrechamente vinculadas a funcionarios y oficinas regulatorias gubernamentales de sus países de origen.

Este riesgo conlleva otros como el de la sobreexplotación del recurso (tierra), abriendo camino a procesos que pueden perjudicar el bienestar de los latinoamericanos, poniendo en peligro entre otros efectos adversos su soberanía alimentaria o su derecho (humano) a vivir en un ambiente sano.

Para miles de latinoamericanos, la tierra es un espacio perdido que les fue hurtado, convirtiéndolos en una nueva categoría: la de los marginados o excluidos de su hábitat, algunos de ellos a temprana edad y definitivamente.

La imposición de los nuevos métodos y tecnologías productivas excluyen a los trabajadores, campesinos y pequeños productores: se los desplaza y se refuerzan las corrientes migratorias acentuando un proceso de urbanización compulsiva como consecuencia de la expansión de las fronteras de las actividades agropecuarias.

Al respecto cabe mencionar que las proyecciones demográficas para la región sur del continente anticipan que en el año 2025 el nivel de urbanización en Argentina, Brasil, Chile, Uruguay y Paraguay oscilará entre 95–98% de la población. Esa concentración poblacional asociada genera dos corrientes de urbanización que conviven y hasta convergen en la proximidad de su localización geográfica final, en la periferia de las grandes capitales y ciudades de la región, aunque sus escenarios son completamente diferentes.

Por un lado están los asentamientos informales o *villas miseria* o *de emergencia* de Argentina, las *poblaciones callampa* en Chile, los *pueblos jóvenes* peruanos, las *favelas* brasileñas, los *tugurios* o *precarios* costarricenses o las *ciudades perdidas* o *de invasión* en México; ocupan espacios marginales, en cuencas altamente contaminadas o en las márgenes de ríos y arroyos contaminados, de alto riesgo ambiental y vulnerabilidad;

son migrantes o minorías étnicas, sin trabajo o que lo han perdido.

Por el otro, el cuadro es totalmente opuesto: es el de los *barrios cerrados* o *countries*, donde campean todos los signos típicos de los ámbitos de alta capacidad económica, avanzando sobre tierras de gran aptitud para la producción agrícola y con niveles reducidos de contaminación.

Datos para Buenos Aires y su Área Metropolitana indican que allí se han instalado unos 250 de esos barrios cerrados y 13 *countries náuticos*; y que junto a ellos existen unos 900 asentamientos tipo villa miseria, sin los servicios mínimos de servicios cloacales ni provisión suficiente de agua potable (10% de los cuales se establecieron en los últimos 5 años[2]). Cabe señalar que esta proliferación de asentamientos precarios se explica como una consecuencia de los nuevos modelos productivos que desplazan al trabajador rural, sin otra alternativa y condenándolo a la exclusión social y a sus consecuencias.

La tenencia de la tierra es, además, fundamental porque la configuración socio-política y económica surge de la organización de la propiedad y la producción de la tierra.

En Argentina, no menos de seis millones de hectáreas del territorio nacional están en manos extranjeras; la situación es de tal gravedad que recientemente

---

2. *La nación*, "En cinco años se instalaron 90 nuevas villas en el GBA", 5 octubre 2011, http://www.lanacion.com.ar/1411987-en-cinco-anos-se-instalaron-90-nuevas-villas-en-el-gba.

se promulgó una ley que intenta controlar este proceso que trae aparejado graves consecuencias para la integridad territorial de una nación.

En las economías globalizadas el valor de la tierra se encuentra desplazado en dirección de su tenencia y de la capacidad de explotarla con el aporte de paquetes tecnológicos. Su propiedad y administración están fuera o muy lejos de nuestro continente y, por ende, los destinos de los bienes producidos son cada vez más distantes de sus lugares de origen.

Nuestra realidad cotidiana muestra que la avaricia capitalista ha convertido la tierra en tentación y muerte, en vez de instrumento de vida y sustento; ello se acentuó cuando las compañías transnacionales descubrieron que el precio de nuestro suelo es mucho más barato que en sus países y que podían acceder a ella sin frenos ni límites de ningún tipo.

Esta situación no es casual. América Latina posee la mayor cantidad de tierra cultivable del planeta; a ello se debe sumar que solo un 20% de toda la población mundial habita en naciones o áreas "desarrolladas"; pero esos países utilizan mucho más territorio y recursos que los propios, obviamente sin pagar cuota alguna por "alquiler" de áreas o espacios cuyos beneficios emigran junto a los recursos materiales extraídos durante los procesos productivos y luego exportados.

Es obvio que las aglomeraciones urbanas aumentarán la demanda de agua potable (o potabilizable), la que solo podrá ser satisfecha por transferencia masiva del recurso de un sitio a otro. Para peor, a medida que ellas crecen se reduce la cantidad disponible de agua dulce en las napas subterráneas y, al mismo tiempo, se producen importantes eventos de contaminación en los ríos y arroyos cercanos.

Otro tanto ocurre como consecuencia de los emprendimientos mineros que provocan numerosos impactos adversos sobre la calidad del aire y del agua, a razón de centenares de miles de litros por día que demanda el proceso extractivo que utilizan.

La mayor parte del agua potable que se consume en el más grande conglomerado humano e industrial de Buenos Aires, conocido como el Conurbano Bonaerense, proviene de dos fuentes: las napas subterráneas y el río de la Plata que, a su vez, recibe diariamente unos 2,300,000 metros cúbicos de residuos cloacales y casi otro tanto de residuos industriales, sin considerar los aportes de sus afluentes, además de la contaminación.

El proceso de *sojización* de las pampas argentinas no se limita a la producción del grano sino que afecta también la disponibilidad del recurso de agua. Cada campaña debe ser evaluada incorporando al balance términos indicadores del volumen de agua utilizada, además de los nutrientes (nitrógeno, fósforo) del suelo que se lleva cada tonelada de grano cosechado. En su conjunto y a la hora del balance material y energético, es un proceso degradativo cuya "reparación" demanda centenares de años y por el cual no se brinda ninguna compensación. Solo un kilogramo de granos requiere 1000–2000 kg de agua.

Los compradores de los granos producidos en Latinoamérica realizan un fenomenal negocio: se llevan los minerales, las proteínas, los nutrientes y se ahorran millones de litros de agua dulce.

En relación a este aspecto del balance material de los cultivos intensivos, faltó mencionar que los cultivos de soja, caña de azúcar o maíz, que requieren de un aporte muy importante de agua, en el Cono Sur se desarrollan "casualmente" en áreas localizadas sobre o en las proximidades del acuífero Guaraní, una de las más importantes reservas de agua dulce limpia del planeta.

La crisis ecológica como una nueva forma de opresión

La explotación de la naturaleza y de sus recursos está asociada a la explotación del ser humano.

Estrechamente ligado a lo que decíamos sobre la globalización, llegamos a la conclusión que en nuestra región estamos frente a formas de relación económica que conllevan nuevas modalidades de relaciones ecológicas intercontinentales.

Tenemos la impresión, si no la certeza, de que las fuerzas económicas de hoy son agentes de un modelo autoritario y opresor del ser humano y de sus relaciones con la naturaleza: sus dioses son el mercado y la rentabilidad.

Afirmamos que en toda crisis ecológica podemos identificar *dos actores*: uno *dominante u opresor* y otro *dominado u oprimido*. Uno y otro pueden identificarse a través de sus muchos rostros. El opresor siempre se beneficia y el oprimido siempre es perjudicado.

El opresor (o perturbador del equilibrio ecológico) podrá ser una persona, un legislador, un banco, una empresa, un país, un gobierno. El oprimido puede ser un trabajador, un agricultor modesto que es impedido de volver a utilizar, compartir o almacenar sus semillas, un pueblo originario expulsado ilegalmente de su tierra.

Como anticipáramos, el hombre y la mujer latinoamericanos contemporáneos viven en tensión por la virtual imposibilidad de disponer libremente de la planificación, el uso y la explotación de sus recursos. Hay clamores por justicia social para todos y por *justicia ecológica* para la creación. Ninguna de las dos puede ir por separado. Y *donde no hay justicia, no habrá paz.*

Es evidente que ha habido cambios cualitativos en el delicado balance humano-naturaleza. Ha ocurrido un deslizamiento desde el equilibrio original de la convivencia a la dominación suicida del ser humano de hoy. Es cuando ocurre ese cambio que el modelo de las relaciones de igualdad y justicia son reemplazadas por el de las relaciones de tipo opresor-oprimido.

De lo antedicho se desprende que *las crisis ecológicas generan vínculos de injusticia, dependencia, explotación y sometimiento* que anulan los espacios de decisión de la comunidad para disponer libremente de sus recursos naturales, de su ambiente. *Disponer de un ambiente sano se ha tornado en un derecho humano inalienable.*

La conciencia ecológica

Ayer, no muchas décadas atrás, veíamos —y nos costaba entenderlo— que la conciencia ecológica nacía entre los ricos contaminadores. Es que estaban advirtiendo las consecuencias adversas de su modelo de sociedad y desarrollo económico: estaban apreciando, claro que de manera incipiente, el deterioro de su ambiente y la merma en la disponibilidad de los recursos de sus ecosistemas.

Lo interesante es que sus preocupaciones los llevaron a explorar diversas soluciones, todo menos al cambio de su modelo. Declararon que era imperioso cuidar el aire, el agua y el suelo, pero entiéndase bien: su aire, su agua, su suelo —*todo de ellos*. Al mismo tiempo descubrían que la contaminación era exportable sin costos mayores y que los recursos y materias primas podían ser extraídos, apropiados o importados a bajo costo.

Ese fue el camino, no es casualidad, que condujo a la *ecologización de las empresas transnacionales*: grupos económicos poderosos que operan sobre los servicios de los ecosistemas de Latinoamérica, que tradicionalmente ignoraron el ambiente, ahora les preocupa la ecología, se declaran *ecológicas* y afirman en su publicidad que sus tecnologías y productos son *ecológicos*; tal es el caso de las petroleras, mineras o papeleras.

Es que hoy los recursos naturales ajenos pasaron a ser el sustento de su actividad; se han convertido en apetecida mercancía. Es así que los recursos naturales se han transformado definitivamente en valor intensamente disputado; los operadores locales, en los países pobres de Latinoamérica se limitan con frecuencia a ser apoderados de los dueños del poder real. Declaman que quieren cuidar nuestra naturaleza pero solo porque es parte fundamental de su negocio o actividad. Se resisten a incluir en sus presupuestos una valoración económica de la naturaleza, de lo que cuesta su preservación, reposición o su descontaminación.

La conciencia ecológica en las comunidades de fe

La amplia problemática del medio ambiente no puede ser ajena a la reflexión de la iglesia cristiana, a su pastoral y, consecuentemente, a su acción concreta.

La conciencia ecológica parece crecer en nuestra región. No pocas iglesias se están dando cuenta que les es necesario conocer el funcionamiento del ambiente físico en el que transcurre la vida del ser humano y de todas las otras formas vivientes; están despertando a la necesidad de repensar la relación del ser humano con la naturaleza; descubren que urge una nueva lectura de los textos bíblicos referidos al origen del universo en dirección de una *teología de la creación o ecoteología*; están cayendo en la cuenta de que su mayordomía de la integridad de la creación no se agota en su tiempo, que incluye a los recursos naturales, y se extiende en la preservación de los beneficios de la naturaleza para disfrute de las próximas generaciones.

Se está descubriendo que preservar la integridad de la creación es un mandato imperioso para la comunidad de fe, que hace su testimonio y su supervivencia generando lazos y redes de solidaridad.

La iglesia está en camino de descubrir que el objeto de su misión no se puede limitar al destino del alma de la gente; que estamos inmersos en la naturaleza, que somos parte de ella, que no estamos ni afuera ni arriba de la biosfera; que las comunidades eclesiales pueden ser reconocidas como espacios desde los cuales se enfatiza su responsabilidad, en tanto que cristianos, en el cuidado y preservación de la integridad de toda la creación.

No puede ser de otra forma pues en este contexto amplio, el silencio y la inacción del cristiano lo convierten en cómplice de claras situaciones de pecado e injusticia. Por eso la comunidad cristiana no puede "mirar para otro lado". Los millones que sufren en nuestra América no tienen voz, necesitan la palabra profética de esperanza de la iglesia, claman por su acción sanadora y preservadora de la vida plena en todas sus manifestaciones. Desde las primeras páginas de las Escrituras se nos advierte que defender la vida requiere paz, trabajo como fuente de bienestar para todos, respeto por la tierra y obediencia al Creador (Lv 25).

La acción de la iglesia puede llevarse a cabo por lo menos en dos niveles, en dos tiempos, separados o simultáneamente. Podemos trabajar apuntando a lo estructural pero también podemos situarnos en las proximidades de lo coyuntural, abordando problemas puntuales, concretos, imperiosos, que no pueden esperar la reforma agraria o la toma del poder para ser resueltos, que pertenecen al reducido pero valioso mundo de nuestra comunidad, del barrio o del municipio. El ámbito de las acciones pequeñas, necesarias, está en la base misma de cualquier iniciativa de nivel superior.

También es evidente que las crisis ecológicas —reales o potenciales— adoptarán diferentes presentaciones según cada entorno particular. Nuestras comunidades cristianas han de estar atentas a los problemas ambientales que serán diferentes según se hallen en un ámbito rural, semiurbano o urbano.

Consideraciones finales

Uno se pregunta si la crisis ecológica finalmente no beneficia a nadie, si genera injusticia y falta de paz, si es globalmente suicida, entonces ¿por qué se sigue actuando como se ignoraran esos aspectos?

Indigna pensar que los seres humanos, con una trayectoria histórica de unos 100 mil años sobre la tierra, la que por su parte tuvo otras manifestaciones de vida por no menos de 4500 millones de años, hayan actuado de tal manera que en solo 200 años han llegado al punto actual de poner en peligro su existencia y la de cualquier otra forma de vida sobre el planeta.

Urge analizar y descubrir los motivos de la crisis desde nuestra ubicación geográfica y desde la militancia religiosa.

A poco de andar descubriremos que buena porción de la culpa es nuestra; nos hemos desentendido de las relaciones humano-naturaleza; hemos limitado arbitrariamente el mensaje profético de la iglesia a la salvación del alma; hemos estimulado la soberbia del ser humano al malinterpretar el mandato del Creador; hemos aceptado, tolerado y aun difundido la idea de que somos dueños y no administradores de los recursos naturales; hemos trabajado intensamente en la causa de los derechos humanos sin caer en la cuenta de que una calidad de vida sana es también un derecho que puede ser quitado; fuimos cómplices de quienes pusieron al ser humano sobre un pedestal con la naturaleza a sus pies; desoímos la sabiduría que nos legaron los pueblos nativos de nuestro continente; participamos de las estructuras de opresión; no fuimos suficientemente solidarios con los oprimidos que siempre son los pobres y sufrientes.

Digámoslo con todas las letras: hemos pecado. De allí que nuestro compromiso por restablecer los vínculos de paz y justicia entre hombres y mujeres con la naturaleza debe partir de nuestro arrepentimiento, debe incluir el pedir perdón.

Debemos entender que la justicia en la tierra se manifiesta en la satisfacción de las necesidades presentes sin descuidar las de las generaciones venideras.

La paz que nos interesa es consecuencia de la justicia que reclamamos, no es una paz que se agota en la ausencia de guerras. Lo que el profeta Isaías decía a su pueblo no ha perdido vigencia: "El producto de la justicia será la paz; tranquilidad y seguridad perpetuas serán su fruto" (Is 32:17).

La renovación en los vínculos que estamos proponiendo está incluida en la propuesta de Jesucristo, que se asienta en el amor ilustrado en su propio ejemplo de vida, solidario con los que sufren, respetuoso del prójimo.

Pero, afirmamos nuevamente, nada de esto ocurre sin los mismos actores: el hombre y la mujer, de la única especie que es capaz de modificar su entorno aun en perjuicio propio: ninguna otra especie tiene esta "virtud".

Por eso volvemos al inicio: el único culpable es el ser humano. Por eso la crisis ecológica también tiene una vertiente ética y moral. Por ello la comunidad cristiana tiene algo que decir en voz alta y algo que hacer. En todos los casos sus acciones deben planificarse y llevarse a cabo despojadas de cualquier móvil proselitista y con una generosa actitud ecuménica, sin reservas.

Debemos advertir que la reflexión y las acciones que se generen en cada caso o sitio han de ser necesariamente variables. No existe un recetario universal de acciones para paliar o resolver las crisis ambientales: cada situación debe ser abordada como un caso particular.

No obstante, hay una cantidad de iniciativas concretas de acción que deseamos mencionar. Algunas serán de carácter general y motivador de la acción de toda la comunidad, sin discriminar según su pertenencia o no a un determinado grupo religioso. Otras pueden emerger de las comunidades religiosas pero para ser efectivas rápidamente deben extenderse a todos.

Aquí van algunas:

- promover la creación de estructuras de barrio o zona, tipo junta vecinal; donde ya existen, entusiasmar a todos los miembros de la comunidad a participar activamente en ellas incorporando el tema ambiental-ecológico en sus programas habituales.
- motivar y ayudar a los vecinos a detectar los problemas ambientales de sus ámbitos de residencia, enfatizando que su preocupación no es más que el reclamo de un derecho humano.
- estimular la formación de grupos ecológicos y ecologistas serios y reconocidos, o de otras organizaciones vecinales orientadas específicamente a la protección de los recursos naturales y del ambiente y a la vigilancia de su calidad, generando lazos de cooperación que incluyan otros organismos y asociaciones de la sociedad local o nacional preocupados por los mismos problemas.
- difundir costumbres y hábitos tendientes a la preservación y/o mejoramiento de los niveles de calidad de vida.
- ayudar a la gente a registrar fehacientemente las pruebas objetivas de sus problemas mediante videos, fotografías, exámenes médicos periódicos, etc., los que, llegado el momento, pueden ser elementos valiosos para documentar denuncias que eventualmente sea necesario efectuar.
- diseñar y desarrollar ciclos regulares y permanentes de actividades que promuevan la concientización

de la gente del barrio frente a los problemas derivados de agresiones al medio que ella no provoca y que le afectan adversamente, de muchas maneras. Se pueden organizar diversas actividades participativas (charlas, conferencias, talleres, jornadas, debates, películas, videos, etc.) en clubes, escuelas, colegios, radios, sedes de partidos políticos, etc., procurando en cada caso adaptar los contenidos de los mensajes a la edad, la cultura y el grado de información de los destinatarios. Considerando la gran cantidad de horas semanales ociosas en el uso de los templos, parroquias y sus anexos, esta propuesta puede ser una excelente oportunidad de servicio a la comunidad.

- organizar actividades especiales en fechas tales como el Día Mundial de la Tierra, del Agua o del Medio Ambiente. Otra fecha interesante es el 12 de octubre; ella puede ayudar a la comunidad a investigar las diferentes maneras que las culturas precolombinas tenían para vincularse con el ambiente.
- detectar a las personas de las iglesias que están en condiciones de abordar el análisis de temas ecológico-ambientales con seriedad científica y solicitarles su compromiso y asesoramiento en programas de acciones hacia la comunidad; también será importante su participación en actividades "hacia adentro" de las congregaciones, que contribuyan a su reflexión, a la capacitación y a un correcto análisis crítico de la realidad por parte de los grupos locales.

- generar lazos de cooperación con organizaciones ecologistas serias y reconocidas, con organismos de derechos humanos, con asociaciones ecológicas y con otros sectores de la sociedad local o nacional preocupados por los mismos problemas.
- trasladar las percepciones particulares de los vecinos al ámbito de los partidos políticos y exigir de su liderazgo compromisos formales y puntuales de acción ambiental explícitamente formulados en sus respectivas plataformas.
- convocar periódicamente a los representantes elegidos de la comunidad para que den cuenta de sus gestiones e iniciativas en favor de la preservación de la calidad ambiental local y/o de la solución de sus problemas.
- ocuparse de informar a la comunidad verazmente. Para ello se pueden crear bibliotecas, editar boletines comunitarios, auspiciar programas radiales en emisoras locales, etc. Todos ellos son espacios que la sociedad dispone para canalizar la expresión de preocupaciones, puntos de vista, propuestas; como tribuna de concientización y como presencia y presión ante los diferentes niveles de gobierno, útiles como conducto para intercambiar experiencias con otros grupos similares. También pueden aprovecharse las páginas de los periódicos locales que casi siempre son leídos cuidadosamente por los vecinos; y en general no es difícil lograr espacios en ellos.

- procurar que el análisis de la crisis ecológica regional, sus causas, consecuencias y soluciones desde la perspectiva bíblica, sean inequívocamente contempladas en los programas regulares de educación cristiana de las iglesias locales, las escuelas y los colegios confesionales y aun en las instituciones tipo seminario. Nuestros líderes, tanto como nuestras bases, deben detenerse a pensar y/o repensar acerca del rol de los cristianos frente a la naturaleza y a las crisis particulares que cada comunidad enfrenta.
- cuidar que la iglesia local sea visualizada por su entorno social como un ejemplo de acción mayordoma sobre los recursos disponibles.

Finalmente, me complace recomendar sin reservas el material que produce el Consejo Mundial de Iglesias (CMI), que puede ser consultado y al que se puede tener acceso en español, en su página de Internet (http://www.oikoumene.org/es/cmi.html). Dichos aportes son actualizados permanentemente, son científicamente rigurosos y poseen aportes y sugerencias mediante textos, videos, etc. que pueden ser de enorme ayuda para las congregaciones locales. El CMI tiene un compromiso ambiental asumido desde la perspectiva de la fe cristiana y con un énfasis ecuménico; exhibe una presencia y participación activa de más de dos décadas en los foros multilaterales, mundiales y continentales que discuten y negocian lo referente a la mayordomía de la creación.

Bibliografía sugerida

Barros, V., R. Clarke, P. Silva Dias, eds. *El cambio climático en la cuenca del Plata*. CONICET, Buenos Aires, 2006.

Boff, L. *Ecología. Grito de la tierra, grito de los pobres*. Lohlé-Lumen, Buenos Aires, 1996.

Bonasso, M. *El mal. El modelo K y la Barrick Gold*. Planeta, Buenos Aires, 2011.

Brailovsky, A. E. *Historia ecológica de Iberoamérica II. De la Independencia a la globalización*. Capital Intelectual, Buenos Aires, 2009.

_____, D. Foguelman. *Memoria verde*. Sudamericana, Buenos Aires, 1991.

Bravo, E. *Encendiendo el debate sobre biocombustibles. Cultivos energéticos y soberanía alimentaria en América Latina*. Capital Intelectual, Buenos Aires, 2007.

Carius, A., R. A. Kraemer. *The Kyoto Protocol*. Springer Verlag, Berlin, 1999.

CIPFE (Centro de Investigación y Promoción Franciscano y Ecológico). *Crisis, Ecología y Justicia Social*. Montevideo, 1991.

Conferencia Epíscopal Argentina. *Una tierra para todos*. CEA, Buenos Aires, 2005.

_____. *Aparecida - Documento Conclusivo*. CEA, Buenos Aires, 2007.

Federovisky, S. *El medio ambiente no le importa a nadie*. Planeta, Buenos Aires, 2007.

Galeano, E. *Las venas abiertas de América Latina*. Siglo XXI, Buenos Aires, 1971.

Granberg-Michaelson, W. *Redeeming the Creation. The Rio Earth Summit: Challenges for the Churches*. WC Publications, Ginebra, 1992.

Grinberg, M. *Ecofalacias*. Galerna, Buenos Aires, 1999.

Gutiérrez, T. C. F., L. A. Anaya. *Juan Pablo II: La cuestión ecológica y la Declaración de Río*. Universidad Católica Argentina, Buenos Aires, 2004.

Hajek, E. R., comp. *Pobreza y medio ambiente en América Latina*. CIELA-Fundación K. Adenauer, Buenos Aires, 1995.

Hallman, D. G. *A Place in Creation. Ecological Visions in Science, Religion, and Economics*. United Church Publishing House, Canadá, 1994.

_____, ed. *Ecotheology. Voices from the South and North*. WCC, Nueva York, 1994.

_____. "Ecumenical Responses to Climate Change". *The Ecumenical Review* 47, no. 2 (1997): 131–41.

_____. *Spiritual Values for Earth Community*. WCC, Ginebra, 2000.

Hedström, I. *Somos parte de un gran equilibrio. La crisis ecológica en Centroamérica*. DEI, Colección Ecología-Teología, Costa Rica, 1993.

Kerber, G. *O ecológico e a teologia latino-americana. Articulacão e desafios*. Porto Alegre, Sulina, Brasil, 2006.

May, R. H. *Tierra: ¿herencia o mercancía?. Justicia, paz e integridad de la creación*. DEI, Colección Ecología-Teología, Costa Rica, 1993.

Mendoza, R., A. Salibián, C. de Andrade, F. Oshige, H. Reimer. *Cristianos: Mayordomos de la creación*. CLAI, Quito, 1994.

Moltmann, J. *Dios en la creación*. Sígueme, Salamanca, 1987.

Orduna, J. *Ecofascismo*. Martínez Roca, Buenos Aires, 2008.

Padilla DeBorst, R., Z. Niringiye, C. R. Padilla. *Semillas de nueva creación*. Kairós, Buenos Aires, 2010.

Pengue, W. A., comp. *La apropiación y el saqueo de la naturaleza*. Lugar Editorial, Buenos Aires, 2008.

Quispe, J. *Hacia una eco-teología*. CEPA, Cochabamba, 2006.

Rasmussen, L. L. *Earth Community, Earth Ethics*. WCC, Ginebra, 1996.

Robin, M. M. *El mundo según Monsanto*. Península, Barcelona, 2008.

Salibián, A., C. M. Sabanes, L. Schuurman. "El hombre y su medio ambiente: El problema ecológico. Perspectiva biológica, sociológica y teológica". *Cuadernos de Teología* (ISEDET, Buenos Aires) 4, no.1 (1975): 5–28.

Salibián, A. "La cuestión ambiental en la pastoral protestante rioplatense: ¿Seguirá ausente con aviso? (algunas reflexiones)". *Revista Evangélica de Historia* **5** (2007): **15–26**.

Schoijet, M. *Límites del crecimiento y cambio climático*. Siglo XXI, México, 2008.

Stam, J. B. *Las buenas nuevas de la creación*. Nueva Creación-W.B. Eerdmans, Buenos Aires, Grand Rapids, 1995.

Vischer, L. "Climate Change, Sustainability and Christian Witness". *The Ecumenical Review* 47, no. 2 (1997): 142–61.

Epílogo:
El suicidio ecológico contemporáneo

C. René Padilla

Dios dio al ser humano la vocación de ejercer dominio sobre la Tierra. El Creador del universo quiso así compartir su soberanía con criaturas que son su imagen y semejanza: hechas del polvo de la Tierra, pero llamadas a regir sobre ella como mayordomos de la creación y colabores de Dios en libertad y obediencia.

Como varios de los capítulos de este libro demuestran, la terrible crisis ecológica que hoy afecta al planeta Tierra pone en evidencia hasta qué punto la humanidad ha abusado de la autoridad que Dios le delegó sobre la creación. Ya en 1931, el filósofo inglés Bertrand Russell proponía que aunque es posible que Dios haya hecho el mundo, para el hombre moderno este es meramente materia prima y no hay razón para que él se abstenga de manipularlo y transformarlo. Desde ese entonces, sin embargo, las consecuencias negativas del uso irresponsable de los recursos naturales han aumentado de tal manera que no es exagerado afirmar que estamos avanzando hacia un suicidio ecológico global.

Una manifestación de la gravedad del actual problema ecológico es el cambio climático que se está experimentando en todo el mundo. Los informes del IPCC (Grupo Intergubernamental de Expertos sobre el Cambio Climático) —establecido por el Programa de las Naciones Unidas para el Medio Ambiente y la Organización Meteorológica Mundial y presidido por catorce años por Sir John Houghton, uno de los autores de este libro— no dejan lugar a dudas al respecto. Según su informe de 2007, "El calentamiento del sistema climático es inequívoco, como evidencian ya los aumentos observados del promedio mundial de la temperatura del aire y del océano, el deshielo generalizado de nieves y hielos, y el aumento del promedio mundial del nivel del mar"[1]. Los diez años más calurosos que se registran desde 1990 han ocurrido a partir de 1997, y se calcula que aproximadamente 150,000 personas mueren cada año en el mundo como consecuencia del impacto que el calentamiento global produce en la salud humana. Abunda la evidencia de que la extensión de tierras afectadas por sequías en el mundo se duplicó entre 1970 y los inicios de la década del 2000.

---

1. IPCC, *Cambio climático 2007: Informe de síntesis. Contribución de los Grupos de trabajo I, II y III al Cuarto Informe de Evaluación del Grupo Intergubernamental de Expertos sobre el Cambio Climático* (Ginebra: IPCC, 2007), 2, http://www.ipcc.ch/pdf/assessment-report/ar4/syr/ar4_syr_sp.pdf.

Epílogo: El suicidio ecológico contemporáneo

Los informes de los expertos explican científicamente las noticias que escuchamos con frecuencia y lo que nosotros mismos experimentamos en relación con desastres naturales causados por el calentamiento climático. Las inesperadas tormentas, inundaciones o sequías y las sorpresivas olas de calor o frío intensos son ocurrencias comunes en todo el mundo, y tarde o temprano afectan nuestro propio lugar de vivienda. En muchos sitios de América Latina y en otros continentes, los efectos del cambio climático en los últimos años han sido devastadores.

Según el informe del IPCC de 2007, lo más probable es que el calentamiento climático sea el resultado de actividades humanas que producen emisiones de gases tales como el dióxido de carbono, a lo cual contribuyen especialmente los países ricos. El problema se complica aun más con el aumento de emisiones de gases de países en vías de desarrollo como la China, la India y el Brasil, donde la emisión se ha duplicado en los últimos veinte años.

El devastador fenómeno del cambio climático se debe en última instancia a lo que el sociólogo Leslie Sklair ha denominado "la cultura-ideología del consumismo", que está en el centro del presente sistema económico global y su obsesión con el crecimiento económico. Esta es la obsesión que está por detrás de la presente "fiebre por la tierra", el problema del desmedido acaparamiento de tierras por parte de quienes conforman lo que Sklair denomina "la clase transnacional", incluyendo los ejecutivos de corporaciones multinacionales, los tecnócratas y muchos políticos y profesionales que se acomodan al sistema[2]. Según el informe más reciente de la Coalición Internacional para el Acceso a la Tierra (ILC, su sigla en inglés), que desde 2008 se ocupa del tema, la "fiebre por la tierra" motivó entre los años 2000 y 2010 transacciones de tierra "aprobadas o sujetas a negociación por un total de 203 millones de hectáreas"[3]. La gravedad de esta fiebre se pone en evidencia en que casi el sesenta por ciento de las transacciones estaba relacionado con la producción de biocombustibles[4].

Aunque África es la mayor víctima de esta enfermedad, los capítulos escritos desde América Latina para este libro ilustran con lujo de detalles las tristes consecuencias sociales y ecológicas del actual acaparamiento de tierras por parte de los poderosos dominados por "la cultura-ideología del consumismo". Bajo la tiranía del consumismo dan por sentado que el sentido de la vida depende de la posesión privada de productos tecnológicos que supuestamente mejoran el nivel de vida. El doble desafío que la sociedad de consumo plantea a los cristianos en esta situación es, en primer lugar, dar oído a la palabra de Jesús que "la vida de una persona no depende de la abundancia de sus bienes" (Lc 12:15); en segundo lugar, recuperar la

---

2. Leslie Sklair, *Globalization: Capitalism and Its Alternatives* (Oxford: Oxford UP, 2002).
3. Ward Anseeuw y otros, Coalición Internacional para el Acceso a la Tierra, "Los derechos a la tierra y la fiebre por ella: Resumen" (2012), 4, http://www.landcoalition.org/sites/default/files/publication/1205/GSR%20summary_ESP.pdf.
4. Ibíd.

práctica del cuidado de la creación diseñado por Dios en el principio. Esperamos que este libro inspire en el pueblo evangélico y en muchos otros a lo largo y a lo ancho de nuestro continente un nuevo compromiso en relación con la dimensión ecológica de la vida humana.

Autores

El doctor **Douglas Allen** ha sido catedrático en Dordt College y en Wheaton College, Estados Unidos. Actualmente trabaja en el Naval Research Laboratory de Estados Unidos donde analiza data de satélites para proyectar el movimiento de gases en la estratosfera.

Viviana Sandra Andrade, estudiante de la carrera Educador Sanitario, acompaña a comunidades indígenas afectadas por la deforestación en noroeste argentino. Mantiene un interés particular en la articulación de acciones entre comunidades y el estado, destinadas a proveer soluciones a necesidades básicas como la provisión de agua, nutrición infantil y educación.

Marco Lucio Hernández es ingeniero agrónomo formado en la Universidad Nacional de Córdoba Argentina. Como estudiante participó activamente del movimiento de ABUA (Asociación Bíblica Universitaria Argentina, de la Comunidad Internacional de Estudiantes Evangélicos) y actualmente sigue participando como profesional. Maestreando en Viticultura y Enología, trabaja de manera independiente como asesor técnico y como inspector de cultivos orgánicos. Se congrega en la Iglesia Anglicana de Mendoza.

El conocido **Sir John Houghton** de Gales ha tenido una carrera larga y fértil en el cuidado de la creación. Desde 1988 hasta el 2002 era el Coordinador del Grupo Intergubernamental de Expertos sobre el Cambio Climático (IPCC), en el área de asesoramiento científico. Ha escrito numerosos libros sobre la ciencia y la fe cristiana, incluyendo *The Search for God: Can Science Help?*

El doctor **Andrés Leake** es presidente de la Fundación Refugio, una organización cristiana de conservación de la naturaleza en el norte de Argentina. Previamente trabajó con ONGs en Sud y Centroamérica en el tema de legalización de derechos a la tierra y protección ambiental.

María Rosa Mendoza, ingeniera agrónoma, se congrega en la Iglesia Visión de Futuro desde 2002. Oriunda de Escobar, Buenos Aires, Argentina, en la actualidad sigue sus estudios de posgrado en la Facultad de Agronomía de la Universidad de Buenos Aires, donde hizo su estudio de grado. En sus épocas de estudiante conoció el movimiento de ABUA de la cual formó parte desde 2002 y sigue en participación activa como profesional.

Juliana Morillo Horne, colombiana, con estudios de posgrado en Ciencias Ambientales, ha trabajado con el sector ambiental a nivel gubernamental y no gubernamental en Colombia. Su sueño y pasión es contribuir a que la iglesia y sus miembros integren el cuidado y protección de la creación dentro de su misión. Desde hace diez años trabaja como misionera con Latin Link, y actualmente reside en el Cusco, Perú, con su esposo Ian y sus dos hijos, y desarrolla entre otras, tareas de educación y sensibilización ambiental con diferentes grupos.

El doctor **C. René Padilla**, ecuatoriano, doctorado en Nuevo Testamento por la Universidad de Manchester, fue Secretario General para América Latina de la Comunidad Internacional de Estudiantes Evangélicos y, posteriormente, de la Fraternidad Teológica Latinoamericana. Ha dado conferencias y enseñado en seminarios y universidades en diferentes países de América Latino y alrededor del mundo. Actualmente es Presidente Honorario de la Fundación Kairós, en Buenos Aires, y coordinador de Ediciones Kairós.

La doctora **Kristen Page** es profesora asociada de Biología en Wheaton College, Estados Unidos. Sus intereses incluyen el estudio de la transmisión de enfermedades como consecuencia de cambios en el uso de suelos.

Alfredo Salibián, bioquímico, licenciado y doctor en Ciencias Biológicas, es autor de numerosos artículos y comunicaciones científicas originales en temas de ecofisiología animal y ecotoxicología acuática. Ha sido consultor en temas de medio ambiente del Consejo Latinoamericano de Iglesias y del Consejo Mundial de Iglesias; integra el Grupo de Ecoteología de Buenos Aires y la Asamblea Permanente por los Derechos Humanos (área Ambiente y Sociedad). Pertenece a la Iglesia Bautista.

Lindy "Luis" Scott es director del Centro Costarricense de la Universidad de Whitworth en Heredia, Costa Rica. También es editor del *Journal of Latin American Theology* y del libro *Christians, the Care of Creation, and Global Climate Change*.

El doctor **Noah Toly** es profesor asociado de Ciencias Políticas y Relaciones Internacionales y es director de Estudios Urbanos en Wheaton College, Estados Unidos. Sus intereses de investigación incluyen la política urbana; la justicia y el ecologismo; y la fe cristiana y la política. Es coautor o coeditor de cuatro libros que tratan las ciudades, la política ambiental y las políticas sobre la energía.

www.ingramcontent.com/pod-product-compliance
Lightning Source LLC
Chambersburg PA
CBHW050845230426
43667CB00012B/2160